바쁜 엄마를 위한 하루 5분 마음챙김

Originally published in the U.S. in 2017 by The Experiment, LLC.
This edition published by arrangement with The Experiment, LLC.

하루 중 온전한 나만의 시간

바쁜 엄마를 위한 하루 5분 마음챙김

숀다 모럴리스 지음 | 정미나 옮김

생각정원

차례

제3장

"이것들 언제 크나!"에서 "하루만큼 또 컸구나"로
육아를 '노동' 아닌 '감동'으로 변화시키는 마음챙김

제4장

"엄마도 돌봄이 필요해!"

폭탄 같은 일과 속에 꼭 필요한 '엄마 챙김' 마음챙김

제5장

"나는 잘하는 게 없는 엄마인 것 같아요."

모든 위대한 엄마를 위한 '자신감 UP' 마음챙김

제6장

"네가 크고 나면 이 시간이 너무도 그리울 텐데…." 아이와 부모가 함께 성장하는 저녁 마음챙김

하루 5분, 엄마가 마음을 챙기는 시간, 가족의 일상에 기적이 찾아오는 시간

"잘 지내세요?"

"네. 잘 지내요. 그런데 바빠요. 정말 눈코 뜰 새 없이 바빠요!"

엄마들은 항상 바쁘다는 말을 입에 달고 산다. 실제로 엄마의 하루는 눈코 뜰 새 없이 바쁘다. 아이들을 위해 하루 세 끼 식사와 간식을 챙겨야 하고, 청소와 빨래 등의 집안일은 끝이 없이 이어지며, 그 밖에도 해야 할 일이 한두 가지가 아니다. 많은 엄마들은 그 모든 일을 잘 해내기 위해 고군분투하고 있다. 그래서 나는 모든 엄마들에게 묻고 싶다. 정말로 잘 지내고 있나요? 이런 질문에 솔직하게 답하기 위해 자신의 마음속을 깊이 들어다보면 눈물을 글썽거리며 감정에 북받쳐 그렇지 못하다고 털어놓을지 모른다. 솔직한 심정은 다음에 더 가까울 것이다.

• 스트레스를 받고, 항상 지쳐 있으며, 자신만의 시간을 가질

여유가 전혀 없다.

- 삶의 균형이 깨져 있다. 하루하루가 정신없이 너무 빨리 지나간다.
- 아이들과 즐거운 시간을 보내기보다 아이들에게 소리를 지르는 경우가 더 많다.
- 아이들과 함께 있을 때도 다른 일들을 생각하느라 정신이 다른 데 팔려 있다.
- 내가 부족한 엄마 같아 죄책감이 든다.

하지만 내가 직접 경험한 바에 따르면 하루에 5분만 시간을 내어 꾸준히 마음챙김 명상을 하는 것만으로도 다음과 같이 전혀 다른 느낌을 받으며 하루가 완전히 달라지는 것을 느낄 수 있다.

- 하루 종일 침착함을 유지하며 더 잘 집중할 수 있다.
- 스트레스가 심한 상황에서도 자제력을 가지고 대응한다.
- 아이들과 남편, 그리고 삶의 사소한 일들과의 유대감이 더 깊어지는 느낌이다.
- 저절로 몸의 긴장을 풀고 심호흡을 하며 하루를 보낼 수 있게 되었다.
- 더 많이 웃고, 더 즐거운 시간을 보낸다.

최근 들어 마음챙김에 대한 관심이 늘어나면서 구글, 애플, IBM 같은 기업들까지 마음챙김을 실천할 정도로 대중화되었다. 많이 들어보았지만 정확히 알기는 쉽지 않은 마음챙김. 마음챙김이란 도대체 무엇일까?

내 삶을 바꾸는 가장 쉬운 방법, 마음챙김

마음챙김이란 세상에 존재하며 세상을 인지하는 방법 중 하나로, 어떤 판단도 하지 않고 현재의 순간에 집중하는 것을 의미한다. 존 카밧 진Jon Kabat-Zinn은 마음챙김을 단순히 존재와 집중이라는 말로 설명하지 않고, '마음의 존재presence of heart'라고 절묘하게 표현했다. 마음챙김은 과거에 대한 걱정이나 미래에 대한 우려에 마음을 빼앗기지 않고 현재의 삶에 머물도록 해준다.

또한 마음챙김을 통해 긴장을 풀고 더 각성할수록 더 의식 있고 명료하게 살 수 있다. 이런 상태는 스노우볼에 비유할 수 있다.

어린 시절 우리는 기본적 욕구만 충족되면 어떤 스트레스도 없이 마치 눈가루가 가라앉은 스노우볼처럼 마음이 맑은 상태를 유지할 수 있었다. 하지만 나이를 먹고 해야 할 일과 책임이 증가하고 스트레스가 늘어나면 생각과 마음이 흔들린다. 스노우볼 바닥에 가라앉아 있던 눈가루가 흔들리듯이 생각과 마음이 흔들리면 앞을 선명하게 볼 수 없다.

그럴 때는 그냥 잠시 멈춰 숨을 몇 번 들이쉬면서 스노우볼 안의 눈가루가 가라앉기를 기다리는 듯 자신의 마음이 맑아지기를 기다리는 것이다. 스노우볼의 눈가루처럼 스트레스 요인들은 여전히 그곳에 있으나 이제는 좀 더 선명하고 차분하게 볼 수 있다. 이렇듯 마음챙김 과정을 통해 우리는 힘겨운 순간들을 잘 견뎌내는 동시에 행복한 순간들을 기꺼이 즐길 수 있다. 이것이 바로 마음챙김 명상의 힘이다.

꾸준히 마음챙김을 수행하면 주의력, 낙관주의, 전반적 행복감(웰빙)이 높아지고 불안과 우울감이 줄어들 뿐만 아니라 뇌의 구조와 기능에도 변화가 일어난다. 브리타 홀젤Britta Holzel은 8주 동안 매일 명상을 수행한 실험 참가자들에게서 학습, 기억, 자각, 연민, 성찰을 담당하는 뇌 부위인 회색질이 증가하고 불안과 스트레스를 담당하는 영역인 편도체의 크기가 줄어든다는 사실을 실험을 통해 밝혀냈다.

하루 5분, 엄마가 행복해지는 시간

마음챙김의 긍정적 효과에 대한 연구는 수백 건에 이른다. 대부분의 연구는 매일 평균 20~30분 정도 명상을 한 경우를 기반으로 하고 있다. 하지만 하루하루 숨 돌릴 틈 없이 살아가는 엄마들에게 하루에 20~30분 동안 온전히 자기만의 시간을 갖는다는 것은 쉽지 않은 일이다.

명상의 이상적 시간에 대해서는 아직 분명하게 밝혀진 바가 없다. 하지만 10년 이상 마음챙김을 가르쳐온 나의 경험에 따르면, 하루 5분의 명상으로도 분명한 삶의 변화를 느낄 수 있다. 무엇보다 중요한 것은 매일 명상을 수행할 5분의 시간을 우선순위로 삼아 지키는 것이다. 그럼 어떻게 하면 하루 5분 명상을 수행할 수 있는지 살펴보자.

- **언제** : 하루 중 일정한 시간을 정해 명상을 하는 습관을 들인다. 이미 자리 잡힌 다른 습관들의 전후로 시간을 배치하는 것이 명상을 습관으로 삼을 수 있는 가장 좋은 방법이다. 예를 들어 아침에 일어나서 세수를 하고 난 다음 명상을 하고 차나 커피를 마시는 하루 일과를 시작하는 것이다. 이런저런 방법으로 다양하게 시도를 해보며 하루 중 언제가 자신에게 가장 잘 맞는지 알아보는 것도 좋다.

- **어디에서** : 최대한 방해받을 일이 없는 조용한 곳을 찾는다. 나는 낮 시간에 수행이 필요할 때 조금 더 평온한 상태로 들어가기 위해 벽장에 들어가 앉아 명상을 하기도 했다. 물론 모든 변수를 다 통제할 수는 없다. 이웃집 개가 짖거나, 전화벨이 울리는 등 예상치 못한 상황이 벌어지는 것은 어쩔 도

리가 없다. 그럴 때는 그런 외부의 잡음까지도 명상의 일부로서 받아들여보자.

- **왜** : 내가 왜 앉아서 아무것도 하지 않는 명상 같은 일에 귀한 5분의 시간을 할애해야 하는지 의문이 드는 순간이 있을 것이다. 그럴 땐 건강과 삶에 에너지를 얻기 위해 영양가 높은 아침을 챙겨 먹는 것처럼, 현재 자신의 뇌 건강을 위해 시간을 내고 있는 중임을 떠올려보자. 그러다 보면 차츰 수행을 하지 않는 것이 아쉬워지기도 하고, 자기 자신을 보살피는 이 시간이 기대되기도 할 것이다.

- **어떻게** : 오디오 가이드를 틀어놓고 명상을 시작하면 도움이 될 수 있지만, 꼭 그럴 필요는 없다. 새로운 기술을 배우는 것과 마찬가지로 꾸준히 하다 보면 점점 익숙해지고 편해지기 마련이다. 그렇게 어느 정도 지나면 혼자 하는 것도 나름 편하다는 느낌이 들 수 있다.

나 역시 마음챙김 명상 수행자이자 교사이자 심리치료사로서 10년 이상 명상을 실천해왔지만, 둘째 아이를 낳은 후 잠 한숨 제대로 자지 못한 채 몽롱한 상태로 끔찍하게 몇 주를 보내면서 매일 30분이나 시간을 내서 명상을 한다는 것은 불가능에 가깝다는 것을 깨달았다. 아이와 함께 마음챙김까지 포기하지 않으려면 좀 더 유연하고 감당할 만한 방식으로 마음챙김과 명상의 끈을 놓지 않을 길을 찾아야 했다.

이 책에서 소개하는 마음챙김 실천법은 내가 소중하게 여기는 가치를 지키는 동시에 내가 해야 하는 여러 가지 역할을 동시에 수행할 수 있는 방법을 지속적으로 탐색한 끝에 내놓은 답이다.

이 책에서 소개한 방법을 통해 나의 일일 명상 시간은 천천히 조금씩 늘어났다. 때로는 중단했다 다시 시작하기를 반복하기도 했지만, 5분 만에 할 수 있는 쉽고 단순한 마음챙김 방법을 꾸준히 실천했다. 그렇게 나와 삶을 지탱해나간 결과, 갓난아이와 함께하는 가장 단조로운 시간까지도 아름다운 순간으로 느끼며 온전히 즐길 수 있었다.

무엇보다 중요한 것은 가능한 한 매일 마음챙김을 수행하는 것이다. 이 책의 뒷부분에는 매일의 마음챙김 수행을 기록할 수 있는 마인드풀로그Mindfulog가 실려 있다. 이 마인드풀로그를 이용해 매일의 수행을 기록하고 살펴보면 마음챙김을 지속적으로 실천하는 데 도움이 될 것이다.

명상의 99퍼센트는 실천이다

마음챙김은 각성, 수면, 꿈과 같이 더없이 행복한 의식 상태에 이르기 위한 여러 가지 명상 방법 중 하나이자 우리의 뇌를 강화하기 위한 일종의 운동이다. 마음챙김은 수영이나 피아노를 배우는 것과 아주 비슷해서, 단순히 명상법을 읽는 것만으로는 기술을 습득하기에 부족하다. 수영이나 피아노를 배울 때 훈련과 노력이 필요한 것처럼 명상을 통해 삶의 변화를 가져오기 위해서는 명상을 하는 5분 동안 앉아서 실제로 명상을 실천해야 한다.

마음챙김의 묘미는 언제 어디서든 시간과 장소의 구애를 받지 않고 마음챙김 휴식을 취할 수 있다는 점이다. 하루 5분 명상의 기본 방법은 다음과 같다.

① 발이 바닥에 닿는 편한 의자에 앉거나 바닥에 방석을 깔고 앉아 허리를 펴고 등을 똑바로 세운 채 어깨에 힘을 빼고 눈을 감는다.

② 잠시 자신의 몸에 관심을 기울이고 몸에 느껴지는 모든 감각을 의식한다. 발부터 시작해서 머리까지 천천히 자신의 몸을 쭉 훑으며 차근차근 각각의 신체 부위의 감각을 느껴본다. 자신의 몸에서 긴장되어 있는 부분이 있으면 부드럽게 긴장을 풀어준다.

③ 배의 긴장을 풀고 자연스럽게 숨을 들이쉬고 내쉴 때 배가 부풀었다 가라앉는 느낌에 주목해본다. 마음이 호흡에 집중하지

못하고 다른 곳을 배회할 수도 있다. 그러면 친절하게 자신을 다독이면서 다시 호흡에 주의를 기울이게 한다. 그렇게 앉아 있는 5분 동안 50번이나 주의를 되돌려야 하더라도 괜찮다.

④ 시간을 내서 그렇게 호흡을 하는 자신을 칭찬해준다. 명상 수행 외의 시간을 의식하는 태도를 기르는 것 또한 중요한 일이다. 5분간 평온한 시간을 가진 후 다음 일과로 정신없이 부랴부랴 뛰어든다면 명상이 무슨 소용이 있겠는가?

⑤ 계속 하루 일과를 이어가며 어떤 식으로든 마음챙김 실천법과 접목시킨다.

모든 수행이 그렇듯, 그 순간에 집중하고 주의를 기울일수록 수행은 더 쉬워진다. 이처럼 자신의 행동에 조금만 변화를 가해도 삶의 질은 극적으로 달라질 수 있다. 이런 의도적 변화가 결국 파급효과를 일으켜 우리의 삶에 진짜 중요한 것들을 위한 여지를 만들어낸다.

이 책에서는 하루를 살아가는 순간순간 마음챙김 수행을 생활화하기 위한 여러 가지 방법을 소개했다. 눈을 떠서 하루를 시작하는 순간부터 모닝커피를 마시고 아이를 배웅하고, 바쁜 엄마로서 일과를 수행하고, 다시 저녁이 되어 가족들과 하루를 마무리하는 순간까지. 하루 5분씩만 온전히 홀로되어 마음챙김을 할 수 있도록 안내한다. 언제 어디서나 실천할 수 있는 현실적이고 효과적인 마음챙김 방법들을, 이 책을 읽는 엄마들이 저마다의 상황에 맞추어 차근차근 실행해나가기를 권한다.

그러다 보면 바쁜 엄마의 일상을 수시로 어지럽히는 죄책감과 조바심, 순간의 욱 하는 감정들이 체로 치듯 걸러지고 엄마 홀로 현재를 마주하는 짧은 마음챙김 시간이, 그리고 아이와 함께하는 모든 시간이 곧 기적이 될 것이다.

평범한 일상을 기적으로 만드는 마음챙김 실천법의 힘

내가 아빠들에게 엄마들의 명상법에 대해 이야기를 하면 대체로 "그럼 아빠들은요? 아빠들도 스트레스를 받는다고요"라는 반응을 보인다. 당연한 말이다. 그래서 나는 아빠들 역시 마음을 챙기며 명상을 하는 것을 권한다.

그럼에도 내가 이 책에서 특히 바쁜 엄마들을 염두에 둔 이유는 육아의 책임을 배우자와 동등하게 분담하더라도 유독 엄마들에게 부과되는 사회적 압박과 기대가 여전히 존재하기 때문이다. 우리 사회에는 엄마들이 모든 일을 알아서 척척 해나가길 바라는 심리가 여전히 강하게 남아 있다. 그리고 무엇보다 엄마가 행복하지 않으면 아무도 행복할 수 없다.

그러니 어떻게든 이 책에서 제안하는 마음챙김 실천법을 배우자와 함께 해내가길 바란다. 배우자와 아이들에게 혼자 조용히 있는 하루 5분의 시간이 얼마나 중요한지 설명해주자. 또 당신이 그런 시간을 가지려면 배우자의 도움을 얻어야 할 수도 있다. 그러면 얼마 지나지 않아 배우자도 당신의 달라진 변화를 알아차릴 테고, 그러면 당신이 충분히 5분의 시간을 갖도록 아낌없이 격려해줄지 모른다.

물론 아이들과 함께 명상을 할 수도 있다. 아이들이 몇 살부터 명상을 할 수 있는지를 묻는 사람들이 종종 있는데 그럴 때면 나는 아들이 8개월이 되었을 때의 이야기를 해준다. 잠자리에 들 시간이었는데, 그때 나는 완전히 녹초가 되어 있었다. 나는 안 되겠다 싶어 나 자신을 달래기 위해 아들의 작은 몸을 품에 조심스럽게 안고 길게 심호흡을 몇 번 했다. 그러자 놀랍게도 아들의 호흡이 서서히 길어지며 내 호흡에 자신의 호흡을 맞추고 있었다. 8개월밖에 안 된 아들이 자신의 호흡을 의식하고 주의를 기울이고 있었던 것이다. 물론 아이는 정식으로 명상을 했다기보다 그냥 자신의 들숨과 날숨에 조용히 주의를 기울인 것뿐이었다. 하지만 분명 호흡 의식의 기본기를 다지고 있었다.

모든 아이들은 날 때부터 마음챙김과 명상의 능력을 타고난다. 그리고 엄마가 마음챙김을 수행하고 있으면 아이도 어느 정도 저절로 동화가 된다. 따라서 앞에서 사람들이 물었던 질문에 짧게 답하자면, 아이들은 나이와 상관없이 아주 기본적인 단계라도 명상을 배울 수 있다.

이 책에서 소개하는 여러 가지 마음챙김 실천법은 모두 아이들과 함께 수행할 수 있는 것들이다. 나는 가능하면 여러 가지 방법을 이용해서 아이들에게 명상과 마음챙김을 가르치는 것을 추천한다. 아이와 함께 명상을 할 때는 자신만의 5분 명상을 계속 수행해 나가면서 아이와의 명상을 자신의 명상 시간을 보완하는 시간으로 여기는 것이 좋다. 그래야만 아이의 명상 체험에 대해 생각해볼 여유가 생기기 때문이다. 가족들과 함께 얼마나 명상을 하든 언제나 자신이 먼저 행복해져야 한다는 점을 잊어서는 안 된다.

자신에게 조용히 귀 기울이며 자신과 다시 연결될 시간을 조금만 내어주면 우리는 누구나 자신의 내면에서 답을 찾을 수 있다. 나의 목표는 바쁜 엄마들에게 조금 더 자신의 마음을 챙기며 더 기운차고 편안한 마음으로 살아갈 수 있는 간단한 방법을 가르쳐주는 것이다. 엄마가 삶의 균형감을 가지고 있을 때 가족들 또한 그 균형감을 함께 느낄 수 있다. 그리고 가족들이 감사한 마음으로 기쁘고 행복한 삶을 살 수 있는 방법을 알려준 엄마를 둔 혜택을 누릴 수 있다.

실제로 전업주부로 여섯 살이 안 된 세 아이를 키우고 있는 사라는 아이들, 남편과 함께 매일 밤 포옹을 한 후 세 번 호흡하는 마음챙김 실천법을 실행에 옮겼다. 그 후 이전에는 힘겹기만 하던 집안일과 육아를 아주 차분하고 평온한 마음으로 하고 있는 자신을 발견하고 놀랐다고도 했다. 그리고 다섯 살 배기 아들은 사라의 목을 끌어안고 그녀의 눈을 응시하며 이렇게 말했다. "엄마, 엄마가 행복하고 웃을 때 너무 좋아요." 그 순간 사라는 자신의 마음챙김 수행이 가족의 삶에까지 정말 긍정적인 영향을 미쳤음을 느끼며 두 눈에 눈물이 맺혔다.

직장을 다니며 십대 자녀 둘을 키우는 엄마 니콜은 아침에 침대에서 일어나기 전 감사한 마음으로 눈을 뜨는 수행을 시작한 후 가족 모두가 그녀에게 고마워하며 그녀가 하는 모든 것을 더 많이 알아주게 되었다고 한다. 마음챙김의 전염력을 실감한 그녀는 "마음챙김이 내가 미쳐버리지 않고 버틸 수 있도록 해주었어요. 나는 혼자 버거워하면서 가족들에게 인정받고 있지 못하는 것 같았어요. 지금도 종종 정말 힘든 날이 있지만 마음챙김 덕분에 내일은 더 좋아질 거라는 희망을 가질 수 있게 되었어요"라고 말했다.

마음챙김 실천법은 싫은 일을 견딜 수 있는 일로, 혼란스러운 일을 차분한 일로, 평범한 일을 특별한 일로 바꾸어준다. 물론 마음챙김의 기본기를 익혀 매일 명상을 습관으로 들이고 난 후에도, 극도로 혼란스럽고 스트레스를 받는 순간이 있을 것이다. 누구나 알고 있듯 스트레스가 치솟는 순간은 아침이든 한밤중이든 때를 가리지 않고 발생하며, 바로 이때가 마음챙김 실천법이 필요한 순간이다. 마음챙김 실천법을 통해 삶의 안정과 활력을 불어넣으면 다람쥐 쳇바퀴 돌듯 정신없이 흘러가는 일상에서 한 걸음 떨어져서 현재의 순간에 집중할 수 있는 여러 가지 방법을 찾을 수 있다.

따라서 이 책을 침대 맡에 두고 영감이나 마음챙김이 필요할 때 들춰보는 것을 권하고 싶다. 눈길이 가는 부분을 형광펜으로 표시해두거나 따로 표시를 해두고, 자신의 느낌이나 생각을 메모해두어도 좋다.

바쁜 엄마의 하루 5분 마음챙김을 지속하는 것만으로 삶의 많은 부분이 더 좋은 방향으로 변화될 것이다.

제1장

“잠깐! 엄마 5분만 숨 좀 쉴게.”

스트레스로 폭주하는 엄마를
멈춰 세우는 마음챙김

엄마들은 누구나 자신의 아이들이 편안한 마음으로 삶을 즐기고 자신의 잠재력을 마음껏 펼치며 행복한 삶을 살기를 바란다. 하지만 우리 사회에 만연한 스트레스와 분주함은 아이는 물론이고 엄마들의 발전과 건강, 행복을 위협하고 있다. 엄마들은 숨 돌릴 틈 없이 바쁜 하루를 보내면서 아이들에게 해줄 수 있는 것은 무엇이든 해주기 위해 노력한다. 그리고 아이들을 위해서는 그럴 수밖에 없다며 정작 자신의 행복은 뒷전으로 미루기 일쑤다. 이런 모습은 자신을 위한 시간을 갖는 것은 이기적인 것이며, 자신보다는 아이들을 먼저 챙겨야 한다는 잘못된 사회적 개념을 내재화한 결과다.

하지만 엄마가 다른 누구보다 자신과 자신의 마음을 먼저 챙겨야 하는 이유는 분명하다. 스스로 행복을 느끼지 못한 채 마음이 피폐해지면 자신은 물론이고 가족 누구에게도 도움을 줄 수 없는 존재가 되어버리기 때문이다. 누구나 알고 있듯이, 사람의 기분은 전

염성이 높고 불행과 불안은 아무리 감추려 해도 결국은 드러나기 마련이다. 그리고 아무리 숨기려고 해도 아이들은 엄마의 기분이나 엄마가 느끼는 스트레스를 그대로 느끼며 바로 흡수해버린다.

나는 아이들이 이성을 잃고 혼란스러워하는 모습을 보이면 그것을 내 반응과 태도를 살펴볼 신호로 여겨서 현재의 내 기분이 아이들에게 전염되어 아이들의 기분까지 그렇게 만든 것은 아닌지 생각해보곤 한다. 그렇다고 아이들에게 자신의 행동에 대한 책임을 지우지 않거나 아이들의 버릇없는 태도에 대해 나 자신을 책망하지 않는다는 얘기는 아니다. 하지만 분명 아이들의 행동이 현재의 내 스트레스 정도를 알려주는 정확한 지표가 되는 경우가 많다. 엄마라면 누구나 느낀 적이 있겠지만, 엄마의 기분이 차분하고 안정되어 있는 날에는 아이들과의 사이도 평화롭기 마련이다. 아이들은 작은 스폰지처럼 부모의 감정과 반응을 빨아들인다. 또한 불안이나 걱정이나 기쁨이나 안정감 등 부모의 모든 감정을 있는 그대로 느끼고 받아들인다.

다행스럽게도 스스로 (그리고 더 나아가 가족까지도) 기운과 활력을 끌어올리고 평정을 되찾기 위해 필요한 건 단지 자신의 하루하루에 숨을 쉴 아주 약간의 틈을 내는 것이다. 아주 짧은 시간 동안 짬을 내어 마음챙김을 실천하는 것만으로도 집안에 평온함과 안정감을 가져다주어 스트레스와 분주함의 여파를 가라앉힐 수 있다. 그런 의미에서 보면 마음챙김은 자기 자신은 물론이고 가족들에게도 정말 멋진 선물이다. 따라서 엄마 역할의 어느 단계에 있든, 누구나 꾸준히 마음챙김을 실천함으로써 큰 도움을 받을 수 있다.

이 장에서는 마음챙김의 비교적 보편적인 속성을 다루고 있기 때문에 이 장에서 소개하는 마음챙김 실천법을 살펴보면 마음챙김의 전반적 개념을 쉽게 이해하고 실천해나갈 수 있을 것이다. 또한 언제든 필요하다고 느낄 때마다 자주 마음챙김을 실천하는 데 도움이 될 뿐만 아니라, 다른 마음챙김 실천법을 수행하면서 마음을 다잡아야 할 때나 그저 기분전환을 할 수 있는 5분이 필요할 경우에 참고할 수 있을 것이다.

의식의 균형 잡기

자극과 반응 사이에는 틈이 있다.
바로 그 틈에 어떻게 반응할지를 선택할 힘이 있다.
그리고 우리가 선택한 반응에 따라
우리의 성장과 자유가 좌우된다.
-빅토르 프랑클

의식의 균형을 잡는 과정에서 마음챙김이 (호흡과 같은) 우리의 신체 감각과 생각, 그리고 감정으로 이루어져 있음을 알 수 있다. 간단히 도식으로 나타내면 우리의 신체 감각과 생각, 감정의 세 측면이 삼각형을 이루고 있고, 그 가운데에 마음을 챙기는 의식이 있다고 볼 수 있다. 우리의 몸과 마음이 서로 긴밀히 연결되어 있는 것처럼 의식의 삼각형을 이루는 세 가지 측면인 신체 감각, 생각, 감정도 서로 영향을 미친다. 강한 감정이 유발되면 틀림없이 어떤 강한 신체 감각과 그 감정에 수반되는 생각도 일어나기 마련이다.

예를 들어보자. 어느 날 아침, 학교에 가야 하는 딸아이가 아직 양치질과 머리 손질도 안 한 상태로 옷도 갈아입지 않고 있다. 시계를 보니 오전 6시 45분이고, 버스 도착 시간까지는 겨우 15분밖에 남지 않았다. 가장 먼저 드는 생각은 이러다 아이가 버스를 놓칠지도 모른다는 걱정이다. 뒤이어 심장 박동이 약간 빨라지기 시작하는 것(신체 감각)이 감지되고, 답답하고 불안한 감정이 일어난다. 그리고는 아이에게 약간 목청을 높여 말한다. "좀 서둘러. 그러다 버스 놓치겠다!" 그다음엔 딸이 정말로 버스를 놓칠 경우를 생각한다. 그러면 딸을 학교까지 차로 데려다주느라 20분을 돌아가야 하고, 출근이 늦어져 첫 환자의 진료 시간에 맞추어 도착하지 못할지도 모른다는 생각에 초조해진다. 긴장된 턱 근육, 올라간 어깨, 빨라진 호흡과 심장 박동(신체 감각)의 신호가 온다. 이렇듯 마치 도미노 효과처럼 세 가지 요소가 서로서로 어느 정도 영향을 미친다. 바로 이럴 때 마음챙김 수행이 큰 도움이 될 수 있다. 다만 마음챙김 수행을 실천하기 위해서는 자신의 마음을 충분히 의식하고 있어야 한다.

이런 상황에서 나는 그 순간 내 마음챙김의 상태에 따라 두 방법 중 하나로 반응하게 된다. 의식 상태가 그다지 좋지 않은 날이라면 버럭 화를 내기 십상이다. "빨리 좀 못해! 아침마다 허둥지둥 서둘러 나가는 것도 지겹다." 더 이상 내 생각이나 기분이나 감정을 의식하지 않고 하물며 내 태도와 말과 행동은 더 안중에도 없다. 자신의 감정에 완전히 휘둘리는 것이다. 이런 상황에서는 눈물, 높아진 언성, 괜히 이성을 잃고 만 것에 대해 죄책감을 느낄 수도 있다. '이러고도 네가 무슨 마음챙김 지도자야?'

더 마음챙김이 잘 되어 있는 날이라면 잠시 멈출 수단이 갖추어져 있으므로 내 신체 감각을 감지해 몇 번 숨을 들이쉬면서 훨씬 더 신중하게 반응할 수 있다. "딸, 버스 시간에 맞추려면 빨리 움직여야겠는데." 그럴 경우 딸아이도 부드럽게 반응하고 내 혈압도 정상을 유지할 가능성이 훨씬 높다. 오랜 습관에 따라 도움도 안 되는 식으로 반응하기보다 스트레스 높은 상황에 맞춰 반응한 덕분이다. 마음의 균형을 잃으면 모든 상황이 버겁고 심각하게 느껴진다. 반면에 잠깐 멈춰 한 걸음 물러나 생각하면 그 위협이 그저 우리의 지각의 문제이자 나의 생각과 감정, 신체 감각을 쳇바퀴 돌듯 맴돈 결과일 뿐임을 알게 된다.

마음챙김 실천법

생각, 감각, 감정의 균형 잡기

하루 중 언제든 잠시 멈춰 자신의 신체 감각과 생각, 그리고 감정이 현재 어떤 상태인지 주의를 기울여보자. 어떤 상황에 처해 있듯 상관없다. 지금 신체적으로 어떤 감각이 느껴지는가? 혹시 걱정으로 눈살을 찌푸린 채 어깨는 잔뜩 긴장되어 있고 주먹을 꼭 쥐고 있지는 않은가? 머릿속에는 어떤 생각이 펼쳐지고 있는가? 비판적 생각을 하고 있는가? 과거의 한순간을 떠올리거나 앞으로 일어날 일을 걱정하고 있는가? 지금의 감정 상태는 어떤가? 답답함, 아픔, 분노, 행복 등의 감정 가운데 어느 쪽인가? 자신의 감정을 부정하거나 바꾸려 애쓰기보다 가능한 한 있는 그대로 받아들여보자.

이 마음챙김 실천법을 수행할수록 처음엔 명확하지 않을 수도 있는 감각, 생각, 감정을 식별해내기가 점점 쉬워진다. 단순히 주목하고 식별하는 것만으로도 마음을 잡으면서 몇 번 심호흡을 하고 다른 반응을 선택하기 위한 시간을 충분히 낼 수 있다. 의식의 균형을 찾기 위해 노력할 때는 인내심을 갖는 것이 좋다. 마음놓침 상태에서 이성을 잃은 채 반응했더라도 자신을 용서하면서 이것이 평생 계속해야 하는 수행의 과정임을 알아야 한다. 머지 않아 또 한 번의 기회가 찾아올 것이다.

가상현실에서 벗어나
현재의 순간을 산다는 것

삶을 살아가는 방법은 두 가지가 있다.
하나는 기적이 없는 것처럼 사는 것이고,
다른 하나는 모든 일이 기적인 것처럼 사는 것이다.
– 알베르트 아인슈타인

차를 운전해서 늘 다니는 곳에 갔는데, 도착해서 생각해보니 오는 길에 있던 익숙한 장소들을 지나쳐온 기억이 전혀 없던 적이 한 번쯤 있을 것이다. 분명히 운전이라는 행동을 하고 있었고, 운전을 하면서 문자를 보내지도, 전화 통화를 하지도, 간식을 먹지도 않았는데 생각에 잠겨 머릿속에서 완전히 다른 어딘가에 가 있었던 것이다. 마트에서 사야 하는 것들을 생각했을 수도 있고, 곧 있을 행사를 상상하거나, 전날 동료와 나눴던 대화를 떠올렸을 수도 있다. 작가이자 명상지도자인 타라 브랙Tara Brach 박사는 이런 상태를 가상현실 속에 머무는 것이며, 마음챙김과 정반대되는 것이라고 말했다.

마음챙김 수행을 통해 훈련하는 것은 자신이 가상현실 속에 있음을 더 자주 인식하고 자신을 자연스럽게 다시 현재로 데려와 바로 지금 이곳에서 더 많은 시간을 보내는 것이다. 생각이 자연스럽게 다른 곳으로 흐르고 마음이 이리저리 방황하는 것을 막는 건 불가능하다. 실제로 때로는 공상이 멋진 일이 될 수도 있다. 공상은 때로 창의성, 희망, 꿈을 낳기도 한다. 그렇다면 더 오래 현재의 순간에 머물도록 뇌를 훈련하는 것이 중요한 이유는 뭘까? 가상현실이 아닌 현재의 순간에 살고 있을 때, 삶의 방법과 살아가며 마주치는 다양한 상황에 어떻게 반응할지에 대한 선택권을 가질 수 있기 때문이다. 현재의 순간에 살지 않으면 어떤 상황에 대한 반응과 선택을 통제하지 못한 채 별 의식이나 의도 없이 단지 습관적으로 반응하게 될 뿐이다.

그 순간에 머물기가 정말 싫을 때가 있다. 어떤 상황이 너무 고통스럽거나 심각하게 느껴져서 의식적이든 아니든 그 순간에 머물기를 피하게 되는 그런 때가 있다. 그럴 때는 그 순간에서 벗어나는 것이 일시적으로 도움이 될지도 모른다. 하지만 계속 현실을 거부하는 것은 건강에도 좋지 않으며, 그런 방식으로 현실을 처리하는 것이 습관이 되어버릴 수도 있다.

현재에 머물지 못할 때 우리는 심각한 생각과 감정에 무뎌질 방법을 찾게 된다. 과식, 과음, 불법 약물 섭취 모두가 스트레스를 받을 때 사람들이 의존하는 건강하지 못한 습관들이다. 물론 그중에는 일 중독과 분주함 같이 문화적으로 용인된 습관도 있다. 특히 분주함은 사회적으로 인정받고 있을 뿐만 아니라 바쁘게 돌아가는 우리 문화는 분주하게 사는 삶을 부추기거나 추앙하기도 한다. 우리가 삶에서 마주치는 위기나 인간관계의 문제, 질병 등은 대개 그런 삶의 부정적 영향이 심각한 상태로 발전하기 전에 자신에게 보내는 경고의 메시지다.

이 모든 건강하지 못한 습관들 사이에는 공통점이 있다. 오직 생각이나 감정, 신체 감각에서 불편하고 거북하게 느껴지는 것을 피하기 위한 방법일 뿐이며, 자신의 삶이나 행복에는 조금도 도움이 되지 않는다는 것이다. 하지만 연민을 갖고 의도적으로 이런 습관적 전략을 의식하게 되면, 불쾌하고 버거운 느낌에 직면할 때조차도 자신의 마음을 챙기면서 현재의 순간에 머물 수 있다. 이 방법은 자신에게 큰 힘을 불어넣어 삶에서 마주치는 모든 순간에 더 주도적이고 용감하게 대응할 수 있게 해준다. 그리고 그저 뒷자리에 앉은 채 자신도 모르는 사이에 무의식적이고 소극적으로 동참하는 것이 아니라, 직접 운전대를 잡고 자신의 의지에 따라 삶을 살아가게 된다.

마음챙김 실천법

가상현실에서 빠져나오기

자동조종장치 모드에서 움직이고 있는 순간에 주목한다. 하던 일을 잠시 멈추고 자신의 호흡에 주의를 기울인다. 그리고는 가상현실 속에 숨는 것으로 피할 수 있는 일이 있는지 스스로에게 물어본다. 우리의 마음은 아무 이유도 없이 슬그머니 가상현실 속으로 빠져들곤 한다. 그것이 마음의 지속적인 속성이다. 하지만 가끔은 우연히 중요한 사실을 깨닫게 될 수도 있다. 스스로에게 솔직해진다면, 자동조종장치 모드에서 빠져나오는 마음챙김 실천법은 아주 강력한 자기인식 훈련이 될 수 있다.

삶에 변화가 필요할 때 모든 답이 당장 저절로 눈앞에 나타나지는 않는다. 우선은 마음을 열고 자신이 피하고 있는 대상을 인정하고 난 후에야 그 문제에 대해 무엇이든 해볼 수 있다. 따라서 자종조종장치 모드에서 빠져나와 가상현실에 벗어나는 것은 마음챙김을 실천하기 위한 중요한 첫 단계다.

잠시 멈추고
삶의 속도를 선택하라

마음챙김은 우리 모두에게 답을 주는 건 아니지만,
질문을 더 잘 들을 수 있게 해준다.
-샤우나 사피로

내가 꿈꾸는 이상적 휴가는 (전자기기나 아이의) 방해 없이 일어나 명상을 하고 기분 좋게 커피를 마신 후 하이킹이나 자전거 타기나 카약 타기 등 그날의 모험을 즐기러 나가는 것이다. 낮에 흘린 땀이 자연스럽게 마를 때쯤 기진맥진한 상태로 돌아와 샤워를 한 후 좀 쉬었다가 와인이나 수제맥주를 곁들여 저녁을 먹고 난 후 근처 아이스크림 가게에 갔다 와서 책을 좀 읽다가 잠이 든다면 얼마나 좋을까. 어떤 사람들은 그런 생활을 아주 시시한 휴가로 여길지 모르지만, 나에겐 잠시나마 천국에 와 있는 기분일 것이다.

지난 몇 년 동안 우리 가족들은 휴일이면 가족 모두가 정오 무렵에 강제적으로 휴식을 취해야 했다. 갓 걸음마를 뗀 둘째 아이가 2시간은 낮잠을 푹 자야 오후 시간도 기분 좋게 보내곤 했고, 그래야만 다른 식구들도 제정신을 유지할 수 있었다. 최고 난코스에서 하이킹을 하거나 최고 난이도의 산악에서 사이클링을 하는 것도 아닌, 조용하게 휴식을 취하는 것이 처음에는 불편하지만 더 나은 상황을 위해 어쩔 수 없이 감당해야 하는 시간처럼 느껴졌다. 그런데 그렇게 지내다 보니 그 시간이 불편하기는커녕 한결 느긋한 마음으로 일상의 아름다움을 느낄 수 있었다. 정말 예기치 못한 뜻밖의 선물이었다.

그래서 우리 집 꼬맹이가 곱슬거리는 머리를 눕히고 낮잠을 자기 시작하면 나는 평소와는 다른 행동을 했다. 잠깐 멈춰서 내 몸과 가슴과 마음을 관찰한 것이다. 그 조용한 몇 시간 동안 나에게 필요한 것이 무엇인지에 주의를 기울이며 스스로에게 물었다. 나는 정말로 이 시간을 어떻게 보내고 싶어 하는 걸까? 마음 편히 낮잠 자기? 딸과 함께 집 근처 해변을 산책하기? 어떤 방해도 받지 않고 남편과 이야기 나눠보기? 책 읽기? 아니면 그냥 앉아서 나무 사이로 솔솔 부는 바람을 느끼며 공상에 잠기기?

며칠이 걸리긴 했지만, 몸에 긴장이 풀리고 근육이 휴식을 취하며 안도의 한숨을 쉬는 것이 서서히 느껴졌다. 그것은 몸을 사용하지 않아 퇴화가 일어나며 얻는 쉼이 아니라 의식적으로 느긋하게 마음챙김 운동을 하면서 스스로를 훈련시키고 차분함을 얻은 휴가였다. 일상이 여유로워지고, 호흡이 느려지고, 마음이 맑아져 내가 어떤 삶을 살기를 원하는지 더 깊이 깨닫게 되었다. 또한 휴식과 같은 단순한 즐거움을 통해 훨씬 더 깊이 있게 마음을 챙기게 되었다.

나에게 처음 명상을 배우는 사람들 중에는 집에서보다 내 치료실에 있을 때 주의를 집중하고 수행을 하는 것이 훨씬 더 쉽다고 말하는 이들이 많다. 집에서는 주의를 산만하게 하는 일들이 끊임없이 일어나기 때문이다. 하던 일을 잠시 멈추고 여유 있는 시간을 가지려 할 때에도 마찬가지다. 집에서 어수선한 일상생활의 가운데 있을 때보다는 휴가를 보내고 있을 때 여유를 갖기가 훨씬 더 수월하다. 하지만 집에서도 얼마든지 여유를 느끼며 마음챙김을 실천할 수 있다.

집에서도 여유를 갖고 생활하기 위해 가장 중요한 것은 더 놀고, 더 쉬고, 하루하루를 더 마음을 챙기며 생활하기를 갈망하는 내면의 목소리를 듣기 위해 잠시 멈추고 가만히 있는 것이다. 그러면 자신의 마음에 귀 기울이지 않을 때는 할 수 없는 방식으로 우리의 결정에 영향을 미치게 된다. 그러고 나면 자동조종장치 모드에서 나올 수 있고, 내면의 목소리를 통해 무엇이 필요하고, 무엇을 원하며, 무엇이 필요 없는지를 가늠할 수도 있다. 누구나 활력과 창의력을 되찾기 위해 마음을 열 시간과 여유가 필요하다. 그러기 위해서 우리는 무엇보다 실천해야 하고 선택해야 한다. 우리는 자신의 모든 순간, 모든 하루, 삶의 속도를 선택할 수 있다.

마음챙김 실천법

여유로운 마음 갖기

하루 종일 자신이 살아온 삶의 속도에 주의를 기울여 보고 그것이 얼마나 내 삶에 도움이 되었는지 생각해본다. 그리고 필요한 경우 삶의 속도를 조절해본다. 아무리 할 일이 많더라도, 하던 일을 잠깐 멈추고 휴식을 취할 수 있는 여유를 가져보자. 가능하다면 컴퓨터 앞에서 잠깐 벗어나 스트레칭을 하거나 30분쯤 낮잠을 자며 쉬어도 좋다. 이 마음챙김 실천법은 우리를 무의식적이고 습관적인 행동 방식으로부터 끌어내 자신의 내면에 주의를 기울이도록 해준다. 단순하게 존재하며 삶의 속도를 늦출수록 일상의 잔재미를 즐길 수 있다.

몸의 감각에 주목하는 순간 더 지혜로워진다

사람들은 고통을 떨쳐버리려고 고생한다.
미지의 것에 대한 두려움에 익숙한 고통을 선택한다.
–틱낫한

끊임없이 변하는 신체 감각을 고도로 의식해 선천적으로 그런 감각들을 잘 식별하고 분간하는 능력을 타고난 사람들이 있다. 자기 신체의 상태를 감지해내는 이런 능력을 내수용감각interoception, 內受容感覺이라고 하는데, 이때 느끼는 감각에는 고통, 체온, 가려움, 신체 접촉, 배고픔, 갈증, 근육 및 기관 감각 등의 인지도 포함된다.

내 딸은 내수용감각이 높은 편이다. 이 타고난 능력에는 나름의 장점과 단점이 있지만, 대체로 장점이 더 많은 편이다. 예를 들어 편두통이 시작되면 그 느낌을 바로 알아차릴 수 있는데, 그러면 미리 약을 먹어 극심한 두통으로 기진맥진해지는 것을 피할 수 있다.

다만, (편두통 등의) 감각을 남들보다 더 강하게 느끼는 데서 오는 안 좋은 점도 있다. 두통과 같은 신체적 고통을 포함해 다양한 신체 감각들을 예민하게 느끼며 더 힘든 시간을 보내는 것이다. 딸아이가 강한 내수용감각을 가졌다는 것을 확실히 알게 된 것은 딸이 아주 어렸을 때 묻지도 않았는데 자신의 신체 감각을 자세히 설명하기 시작했을 때였다.

몇 가지 사례를 소개하자면, 나는 딸아이가 나처럼 책을 좋아하게 되기를 바라면서 어린 딸이 혼자 책을 읽을 날을 손꼽아 기다렸다. 그리고 딸이 열성적 문학 습관을 갖게 되기를 바라며 그런 순간을 상상했다. 딸아이는 막 걸음마를 떼었을 무렵 그 가는 팔로 들 수 있을 만큼 책을 잔뜩 집어와서는 내 발밑에 떨어뜨려 쌓아두고는 두 살배기의 귀여운 목소리로 조르곤 했다. “일거듀세요.” 그러면 나는 흔쾌히 아이의 부탁을 들어주곤 했다.

아직 글을 읽는 것을 제대로 가르쳐주지도 않았는데 예상보다 빨리 아이가 혼자 책을 읽기 시작했을 때는 정말 놀랐다. 하루는 내가 아침을 먹으며 신문을 읽고 있는데 무릎에 앉아 있던 딸이 손가락으로 이런저런 단어를 가리키며 소리 내어 읽기 시작했다. 나는 흐뭇함과 놀라움으로 입이 딱 벌어졌다. “우리 딸이 글씨를 읽을 줄 아네!” 딸은 나만큼이나 들뜬 표정을 짓더니 자기가 읽을 수 있는 단순한 글을 신나게 읽어나갔다. 내가 정말 자랑스럽다고 말해주자 입이 귀에 걸리도록 싱글벙글 웃으며 이렇게 말하기도 했다. “엄마, 엄마한테 그 말을 들으니까 배가 간질간질해요!"

한번은 딸아이가 겨우 유치원생이었을 무렵 아이가 버릇없게 굴면 어떤 느낌인지를 얘기 중이었는데, 딸은 머뭇거림도 없이 뱃속이 울렁거리고 아프다고 말했다. 그런 신체 감각을 감지해내다니 대단하다고 말해줬더니, 딸은 이렇게 반박했다. "엄마, 배의 느낌이 이렇게 센데 어떻게 못 느껴요!" 나는 딸처럼 그렇게 분명한 감각을 느끼지 못한다.

사실 대부분의 사람들에게 신체 자각은 외국어와 다를 바 없다. 우리는 성격, 양육, 유전적 특징에 따라 신체 감각에 대한 과잉 의식 수준에서부터 머리에 불이 붙어도 거의 눈치 채지 못하는 무감각한 수준 사이 중 어느 단계에 속해 있다. 게다가 우리 문화에서는 '지금 내가 고통스러운 건 맞지만 어쨌든 무시하고 이겨내자'라는 식의 마음가짐을 부추긴다. 따라서 자신이 이 연속선상에서 어느 쯤에 있는지 알고 인정하는 것이 살아가는 데 도움이 된다. 흔히 그렇듯, 이 경우에도 중간쯤에 있는 것이 가장 바람직하다.

내수용감각이 높은 수준이라면 미묘한 신체 자각이 점점 강해지도록 부추기는 것보다 그 강한 감각을 주목하고 식별하며 그런 감각을 느끼면서도 마음을 편히 가지려 노력하는 것이 좋다. 반면 내수용감각이 높지 않은 사람들은 신체 감각의 자각을 높이는 법을 배우는 것이 도움이 될 수 있다. 다행스럽게도 마음챙김 수행을 통해 자신의 신체 감각을 더 섬세하게 느낄 수 있다.

내수용감각에는 흔히 말하는 직감의 자각도 포함된다. 직감을 비롯해 자신의 다양한 체내 감각에 주파수를 맞추는 요령을 배우면 그 감각을 통해 지혜를 얻을 수 있다. 등이 좀 찌릿찌릿 아프니 이제 무거운 것을 들 때는 조심해야겠다는 신체와 관련된 지혜만이 아니라 선택을 내리기 위한 정보까지도 얻을 수 있다. 예를 들어 아이에게 가장 잘 맞는 곳을 찾아 여러 유치원을 돌아다니다 보면 어떤 곳은 괜찮게 느껴지고 또 어떤 곳은 적절하지 않게 느껴지는 경우가 있다. 그 이유를 딱 꼬집어 말할 수 없지만 그런 느낌을 알 수 있다. 그것이 바로 직감이 말해주는 것이다.

딸이 나이를 더 먹은 지금은 딸이 속이 울렁거리는 거북함을 곧 서툰 선택을 내리게 될 것 같다는 신호로 감지해 주의하고 자신의 선택을 바꿀 수 있기를 바란다. 아이들에게나 부모들에게나 이런 신호는 아주 유용한데, 엄마들에게는 분주함과 스트레스의 정도를 통제하는 측면에서 유용한 지표가 되어줄 수도 있다.

내수용감각은 가르쳐줄 수 있는 기술이 아니기 때문에 평소에 대부분의 사람들은 스트레스가 어떤 식으로 신체 감각으로 발현되는지 전혀 의식하지 못한다. 그리고는 부정할 수 없을 만큼 명백해지고 나서야 비로소 스트레스를 통해 드러나는 신체 감각을 의식하게 된다. 스트레스는 때때로 아주 천천히 영향을 미치기 때문에 얼핏 보기엔 만성 두통, 위장병, 면역기능 저하, 고통스러운 근경화증 등이 갑자기 나타난 것처럼 느껴질 수도 있다.

하지만 우리의 몸에 더 주의를 기울일수록 미묘한 변화가 일어날 때 그 변화를 더 주목해 현명한 선택으로 스스로를 더 잘 돌보게 된다. 아래에서 살펴볼 '몸의 감각을 느껴보기'는 삶의 속도를 늦추면서, 신체 감각의 발현과 변화에 의도적으로 주목할 수 있게 해준다. 또한 이 방법을 통해 놀라울 만큼 마음을 안정시키고 활력을 되찾을 수도 있다.

마음챙김 실천법

몸의 감각을 느껴보기

가능하다면 편안하게 누울 만한 자리를 찾아 눕고, 가만히 있으면 몸이 차가워지는 경우에는 담요를 덮어도 좋다. 이 마음챙김 실천법은 언제든 서 있거나 앉은 채로 실행할 수 있다. 눈을 뜬 채로 해도 괜찮지만, 처음 시작할 때는 누워서 해보길 권한다. 자신의 몸을 쭉 살피는 동안 계속 깨어 있는 것이 이상적이니 자칫 잠이 들 여지가 있다면 눈을 뜨고 있어야 한다. 잠이 오지 않을 것 같으면 눈을 감아도 된다.

천천히 숨을 깊이 들이쉬었다 내쉬길 몇 번 반복한다.

온몸에 긴장을 풀고 침대나 소파나 바닥에 몸을 푹 기댄다. 발부터 시작해서, 뚜렷하든 미묘하든 간에 지금 느껴지는 모든 신체 감각에 주목한다. 자신의 몸에 호기심을 가지면서 긴장 상태에 있는 듯한 신체 부위의 긴장을 풀어본다. 감각이나 부위가 분명치 않아 식별하기 힘들 때가 있더라도 걱정할 것 없다. 수행을 하다 보면 미묘한 감각들을 더 잘 느낄 수 있다. 천천히 몸을 훑으며 신체의 각 부위마다 몇 초씩 할애하며 발목, 종아리, 무릎, 허벅지, 골반, 엉덩이, 허리에 이어 두피까지 쭉 훑어나간다. 각 부위를 훑은 다음엔 몸 전체에 주목한다.

마음을 편히 한 다음 여전히 긴장되어 있는 부분의 힘을 풀어준다. 어쩌면 이 마음챙김 실천법 덕분에 아침에 천천히 침대에서 일어날 때 더 긴장이 풀어지고 신체를 의식하는 자각 상태로 그날의 다음 일에 임하게 된다는 사실을 깨닫고 감사할지 모른다. 가끔씩 자신이 신체 감각에 주목하고 있는지 확인해보자. 그리고 자신의 직감에 관심을 가져보자. 그렇게 관심을 기울이기 시작하면 어김없이 어떤 정보를 얻게 된다. 자신의 직감을 믿고 그 직감을 현명하게 활용하기 바란다.

멈추고, 주목하고,
받아들이고, 호흡하라

아이를 기른다는 건
자기 자신의 가장 좋은 점과 가장 나쁜 점,
삶의 가장 풍요로운 순간과 가장 두려운 순간을
보여주는 거울이다.
–존 카밧 진

어느 날 밤 저녁식사 이후 나는 어두운 벽장 속에 앉아 있었다. 가족을 피해 숨어 있으려는 것이 아니라 내가 'SNAP 휴식'이라고 이름 붙인 실천법을 수행하기 위해서였다.

30분 전에 두통을 꾹 참으며 긴 업무 회의를 마치고 집에 와보니 아이들이 신나서 소리 지르고 뛰어다니고, 집안이 난장판이 되어 있었다. 다른 마음 상태였다면 아이들이 활기차게 노는 모습을 보고 기뻤을 테지만 그날은 아니었다. 그 시끄러운 소리에 머릿속은 뒤죽박죽이 된 채 욱신거리고 짜증이 폭풍처럼 치미는 것이 느껴졌다. 그런 마음의 상태에 변화를 주기 위해 뭔가를 하지 않았다면 '마음챙김 엄마'가 아닌 '버럭 엄마'로 돌변해서 분명 아이들에게 버럭 화를 내고 말았을 것이다. 사실 이전에도 여러 번 이런 감정을 이겨내려다 비참하게 실패한 적이 있었다. 그런 경험으로 미루어볼 때 잠깐의 휴식을 위해 잠시 벽장 안에 들어가 있는 것이 아이들은 물론이고 나에게도 도움이 될 것이 분명했다. 나는 버럭 화를 내기보다 'SNAP 휴식'을 취했다. 'SNAP 휴식'이란 하던 일을 멈추고Stop, 주목하고Notice, 받아들이며Accept, 호흡에 주의를 기울이는 것Pay attention to your breath을 의미한다.

나는 벽장 안으로 들어가 옷들과 철제 옷걸이 사이에 자리를 잡고 앉았다. 그 안에서 어떤 마법이 일어난 것은 아니었다. 하지만 그렇게 'SNAP 휴식'을 취한 덕분에 이성을 잃기 직전에 나 자신과 남편, 그리고 아이들 앞에서 '버럭 엄마'로 변하지 않을 수 있었다.

스트레스가 심한 상황에서 언제나 물리적으로 벗어날 수 있는 건 아니지만 'SNAP 휴식'에 익숙해지면 어디에서든 이 방법을 활용할 수 있다. 'SNAP 휴식'을 위해서는 연습과 끈기, 그리고 무엇보다 자기 용서가 필요하다. 최대한 노력을 했음에도 '버럭 엄마'의 모습이 나타날 수도 있다. 그렇다고 해도 어느 정도 자신을 용서할 줄 알아야 한다.

스트레스에 사로잡혀 있던 나는 잠깐 혼자만의 시간을 가진 후

버럭 엄마의 모습은 철제 옷걸이와 함께 벽장 안에 안전하게 숨겨 놓은 채 밖으로 나왔다. 재빨리 'SNAP 휴식'을 취한 덕분에 태도가 바뀌면서 더 넓은 시각을 갖게 된 것이다.

마음챙김 실천법

SNAP 휴식 취하기

멈춘다. 잠시 멈춤 버튼을 누른다. 가능하다면 잠깐 그 자리에서 벗어나서 자신의 신체 감각에 주목한다. 잔뜩 긴장한 채 어깨에 힘이 들어가 있지는 않은가? 이마를 찌푸린 채 인상을 쓰고 있지는 않은가? 지금 자신의 신체 상태를 있는 그대로 받아들이자. 그리고 그것이 그 순간 자신의 신체 상태라는 사실을 받아들이고 자신에게 연민의 마음을 가져보자. 잠시 호흡에 주의를 기울이며 호흡을 바꾸려고 애쓰지 말고 그냥 들이쉬고 내쉬는 숨에 주목한다. 스트레스 때문에 마음이 배회하면 다시 천천히 호흡에 주의를 기울여보자. 마음이 진정될 때까지 계속 이 과정을 반복해보자.

제2장

"밥이 코로 들어가는 것 같아요."

숨 가쁜 아침에 여유를 심어주는
마음챙김

월요일 아침이었다. 겨우겨우 실눈을 떠보니 침실 창문으로 들어오는 따사로운 햇살이 느껴졌다. 알람이 울리기 전 얼핏 잠이 깨 몽롱한 상태였는데 평상시에 일어나는 시간보다 훨씬 밝은 것 같아 이상하다는 생각이 들었다. 오래된 구닥다리 시계 겸용 라디오를 확인한 후에야 서서히 정신이 들어오며 가슴이 철렁했다. 1시간이나 늦게 일어난 것이다. 나는 이불을 박차고 침대를 뛰쳐나오며 짜증 섞인 말들을 쏟아냈다.

아드레날린이 솟구치고 심장이 마구 뛰었다. 허둥지둥 달려가 딸을 깨우고, 반려견을 밖으로 내보내고, 주방으로 내려가 커피를 내렸다. 급하게 우왕좌왕하다 우유를 쏟는 바람에 욕이 튀어나와 몇 번 더 깊은 숨을 들이쉬려 애썼다. 제시간에 출근하려면 무엇을 먼저 해야 하나 생각하며 제정신이 아닌 상태에서 어떻게 머리를 감았는지도 모르게 샤워를 마쳤다.

막 걸음마를 하기 시작한 아들에게 옷을 입히느라 씨름을 하며 배변 훈련을 할 때 아이에게 주곤 했던 파란 초콜릿 한 알을 급히 주었다. 아들이 그 초콜릿을 막대사탕처럼 빨아 먹는 바람에 아이의 손과 입과 셔츠로 밝은 파란색 침이 흘러내렸다. 그 순간 그렇게 선명한 색 초콜릿을 만들어 아이의 옷에 얼룩이 들게 한 사람은 분명 아이를 키워본 적이 없을 거라는 생각이 들며 그 사람에게까지 욕이 나왔다.

다시 아들을 붙잡고 파란 얼룩이 진 옷을 벗긴 다음 다른 옷을 입히고 나서 간신히 딸을 버스 정류장까지 데려다주었다. 그리고는 다시 아들과 반려견을 데리고 초스피드로 모든 준비를 마치고 제시간에 맞춰 집을 나와 몇 번이고 심호흡을 하며 고속도로에 들어섰다.

마음속으로 '정말 진 빠지네'라는 생각을 하며 긴장해 잔뜩 힘을 주고 있던 어깨에 힘을 풀고 더 깊이 심호흡을 했다. 아들이 뒷자리에서 재미있다는 듯이 그런 내 모습을 흉내 냈다. 그런 아들을 보며 나도 '큭' 웃음이 터지며 긴장이 풀리기 시작했고 차츰 제정신으로 돌아왔다. 그리고 좀 전까지 내가 지나치게 격앙되어 있었음을 깨달았다.

어느 정도 마음이 진정이 되자 그날 아침과 명상을 한 후 시작했던 아침 사이에 확연한 차이를 알 수 있었다. 두 아침은 마치 무의식적으로 살아왔던 나의 과거와 마음챙김을 시작한 이후의 내 삶을 그대로 비교해서 보여주는 것 같았다. 말하자면 격분한 상태와 차분한 상태, 자동조종장치 모드 상태와 여유 있게 모든 순간을 음미하고 있는 상태의 차이를 그대로 느낀 셈이다. 이성을 잃고 흥분한 상태가 끊임없이 쳇바퀴를 돌고 도는 느낌이라면, 여유 있게 그 순간을 음미하면 어떤 상황에서도 침착하게 삶의 속도를 스스로 결정할 수 있다.

리처드 데이비드슨과 샤론 베글리가 함께 쓴《너무 다른 사람들: 인간의 차이를 만드는 정서 유형의 6가지 차원The Emotional Life of Your Brain》이라는 책에서는 마음챙김을 다음과 같이 말하고 있다.

마음챙김은 뇌가 경험과 생각에 대해 새로운 방식으로 대응하도록 훈련시킨다. 미래를 위해 필요한 일들을 생각하면 … 부담감에 전전긍긍하기 마련이지만, 마음챙김은 생각을 새로운 길로 이끌어준다. 여전히 해야 할 온갖 일들이 생각나고 부담감을 느끼지만 그런 생각에 냉정하게 대처할 수 있게 된다. … 마음챙김을 통해 우리는 한 걸음 물러나 집착을 내려놓으며, 그런 생각에 마음을 완전히 빼앗기면 좋을 게 없음을 깨닫는다. 마음챙김은 끊임없이 변화하는 우리의 뇌에 새로운 연결을 만들어내며, 이전의 연결 중 어떤 것들은 강화하고 또 어떤 것들은 약화함으로써 이런 마음의 습관을 만들어나간다.

마음챙김은 마법이 아니다. 마음챙김이 옷에 묻은 파란색 얼룩이나 조리대에 엎질러진 우유를 치워주지는 않는다. 하지만 꾸준히 수행한다면 정신없이 쫓기는 듯한 시각에서 벗어나 조금 불편할지 몰라도 삶은 변함없이 지속된다는 사실을 깨닫게 된다.

감사해하며 눈 뜰 때
소중한 하루가 시작된다

생각은 말로 나타나고, 말은 행동으로 나타나며,
행동은 습관이 되고, 습관은 성격으로 굳어진다.
그러니 생각과 마음가짐을 주의 깊게 살피면서
생각이 사랑에서 싹트고
만인에 대한 연민에서 태어나게 하라.
그림자가 그 육신을 따라 움직이듯
우리도 생각하는 대로 된다.
- 붓다

'저 끔찍한 소리는 뭐지?'

'에휴, 벌써 일어날 시간이야.'

'피곤해 죽겠네. 피곤한 것도 지긋지긋해. 잠 좀 푹 자봤으면….'

엄마가 된 후로 몇 년 동안 나는 이런 생각을 하며 아침에 눈을 뜨곤 했다. 요즘에도 상황에 따라 여전히 이런 생각이 들곤 한다. 엄마들은 언제나 잠이 부족하고, 자고 싶다고 해서 마음대로 잘 수도 없다. 내 마음대로 할 수 없는 것은 생각도 마찬가지다. 어떤 생각이 떠오르는 것은 어쩔 수 없다. 우리는 그저 순간순간 떠오르는 생각을 가지고 무엇을 할 수 있을지 선택할 수 있을 뿐이다. 나는 마음챙김 수행 덕분에 나에게 떠오르는 생각들을 알아차리는 법을 배웠고, 그런 다음 초점을 바꿔 감사한 마음으로 눈을 뜨며 그날의 긍정적인 기운을 소중히 여길 줄 알게 되었다.

마음챙김 실천법

감사한 마음으로 하루를 시작하기

잠에서 깬 것을 느낄 만큼 의식이 들어오면 잠깐 멈추고 심호흡을 한다. 처음에는 비틀비틀 침대에서 나와 아이를 보러 가거나 커피를 한 잔 할 때쯤 되어서야 그런 의식이 들 수도 있다. 그래도 상관없다. 그 순간에 어디에 있든 잠깐 멈춰보자. 그렇게 아침에 잠시 멈추는 것이 어느 정도 익숙해지면 침대 밖으로 나오기 전에 더 빨리 스스로를 다잡게 된다.

호흡을 하면서 감사한 것들을 떠올려보자. 사람에 따라서는 건강하게 생활할 수 있다는 것에 감사할 수도 있고, 아이들과 배우자, 친구들이 있음에 감사할 수도 있으며, 커피, 지저귀는 새 소리, 햇살, 내리는 비와 같이 사소한 것들에 감사할 수도 있다. 단순하게 생각하고 항상 긍정적인 마음을 갖도록 하자. 그리고 마음챙김을 수행하면서 평소에는 당연하게 여겼던 것들에 대해 얼마나 감사함을 느끼게 되었는지에 매일 주의를 기울여보자.

커피가 가져다준 마음챙김의 시간

느긋하고 경건하게 차를 음미해보자.
내가 마시는 차 한 잔이 마치 지구의 중심인 것처럼
천천히, 차분하게, 미래로 성급히 나아가려 들지 말고
그 현실의 순간을 살아라.
이 순간만이 삶이니.
– 틱낫한

아들이 태어나기 전까지 나는 그럭저럭 충분한 휴식을 취하며 매일 아침 일찍 30분 동안 명상을 하곤 했다. 동트기 전에 알람 소리를 듣고 일어나 잠이 덜 깬 상태에서 욕실로 들어가 몸이 오싹할 만큼 차가운 물을 얼굴에 몇 번 끼얹고 나면 바로 기분이 상쾌해지며 잠이 확 깨고 정신이 번쩍 들었다. 가끔씩 잠에서 깨기 힘든 아침에는 명상 전에 커피가 간절하게 생각날 때도 있었지만, 실제로 커피를 마신 적은 없었다. 내 안의 원칙주의자가 '훌륭한 명상지도자들이 그런 모습을 보면 참도 좋아하겠다? 쯧쯧'라며 꾸짖는 소리가 들리는 듯했기 때문이다. 그래서 얼마나 졸리든, 얼마나 명상에 집중할 수 있든, 30분 동안 카페인의 도움 없이 앉아 있었고, 30분이 지나자마자 곧장 주방으로 달려가 커피를 내리곤 했다.

솔직하게 말하면, 내 아침 명상은 처음과는 다소 바뀌었다. 지금은 더 나이가 들고 조금은 더 현명해졌지만, 나의 자아는 가끔씩 습관적으로 명상의 원칙을 깨며 자주 반항의 기미마저 보이기도 한다('기미'라고 표현한 이유는 사람에 따라서는 아주 순종적이라고 여길 만한 수준의 반항이었기 때문이다). 처음에는 필요에 따라 원칙을 어기고 명상을 하며 커피를 마시곤 했지만, 이제는 커피와 함께 명상을 하는 것을 즐기고 있다.

분명하게 말하지만, 나는 종종 명상 중에 커피를 음미한다. 나는 커피를 너무나 사랑하고, 커피 덕분에 여러 번 목숨을 구하기도 했다. 커피는 오로지 그 사랑스러운 특성을 음미하기 위해 명상을 해도 될 만큼 가치가 있다는 것이 내 생각이다. 내가 좋아하는 커피와 함께 명상을 하듯이 누구나 자신이 좋아하는 차나 음료를 마시며 마음챙김을 실천할 수 있다. 단, 아침에 와인을 마시는 건 추천하지 않는다. 와인과 함께하는 마음챙김에 대해서는 이후에 다시 이야기하기로 하자.

마음챙김 실천법

커피가 가져온 변화를 느껴보기

졸려서 몽롱한 정신 상태에서 커피와 함께 마음챙김 휴식을 할 때는 나중에 일어서며 커피를 엎지르지 않도록 컵을 두는 자리에 미리 주의하는 것이 좋다.

의자 혹은 바닥에 방석을 깔고 편한 자세로 허리를 펴고 앉는다. 양손으로 컵을 쥐고 손에 느껴지는 온기를 느끼고 컵의 매끄럽거나 거친 질감도 느껴본다. 컵을 코앞으로 천천히 들어올려 처음 맡아보는 것처럼 향을 들이마신다. 비판적인 생각을 하지 않으며 자연스럽게 어떤 생각이 떠오르는지에 주목한다. 컵을 입으로 가져갈 때 팔의 근육이 어떻게 움직이는지에도 주목한다.

가능한 한 빨리 카페인을 섭취하고 싶은 충동을 잠시 참으면서 자신의 느낌을 다시 한 번 지켜보자. 기분 좋은 기대감에 입안에 침이 고이는가? 제발 어서 카페인을 달라고 머릿속에서 아우성치는 소리가 들리는 듯한가? 그런 자신의 느낌에 주목하면서 계속 자신을 지켜보자. 그런 다음 신중하게 컵을 입술에 가져다 댄다. 드디어 영광스러운 첫 모금을 들이키며 그윽한 향기의 커피 한 모금을 입안에 머금으며 가능한 한 충분히 그 맛을 느껴보자. 그리고 그것을 삼키는 순간 그 온기가 목구멍을 타고 내려가 배 속으로 들어가는 느낌을 느껴본다. 잠시 멈춘다. 한 모금 더 마시기에 앞서 먼저 심호흡을 한다. 그리고 그때 몸 안에서 일어나는 반응에 주목해보자. 심장박동이 더 빨라졌는가? 정신이 더 바짝 드는 느낌인가? 그 감각들을 느끼며 기분이 좋아지는가, 그렇지 않은가?

이처럼 그 순간 자신이 느끼는 신체 감각에 주파수를 맞추면 놓치고 지나칠 수 있는 미묘한 느낌과 내 몸이 보내는 신호를 알아차릴 수 있다. 이를테면 정신이 예리해진 것을 느끼며 기분이 좋아질 수도 있다. 카페인을 섭취한 후에 이전과 달리 불안감이 높아진다는 것을 깨닫고 카페인을 끊기로 마음먹을 수도 있다. 이런 감각과 반응은 시간이 지나면서 서서히 바뀔 수도 있으니 꾸준히 관찰하는 것이 좋다. 자신에게 나타나는 변화에 계속 관심을 기울이며 관찰해보자.

샤워가 다시
감사해지는 순간

대다수 사람들은 마음이 쉴 새 없이
조잘거린다는 사실을 깨닫지 못한다.
하지만 그 조잘거림이 결국엔
하루의 상당 시간 동안 우리가 하는 행동,
우리가 보이는 반응, 우리가 느끼는 감정의 측면에서
우리를 움직이는 힘이 된다.
-존 카밧 진

오늘 아침에 샤워를 하면서 머리를 두 번 감은 것 같은 생각이 들 때가 있다. '생각이 든다'라고 한 이유는 정말로 내가 몇 번 머리를 감았는지 기억이 안 나기 때문이다. 샤워 중에 나의 마음은 내가 아니라 내 환자들, 학교에 있는 딸, 오늘 마트에서 사야 하는 식료품들을 생각하고 있었다. 이처럼 슬그머니 자동조종장치 모드로 들어가는 일은 샤워처럼 일상적인 순간만이 아니라 아주 특별한 상황에서도 일어날 수 있다. 또한 누구에게나 일어날 수 있다. 다시 말해, 자신도 모르게 자동조종장치 모드로 빠져드는 것은 누구나 언제 어디서든 겪는 일이다. 컨디션이 아주 좋을 때도 우리의 마음은 자기 자신을 떠나 다른 곳을 배회하기도 하지만, 샤워 같이 일상적인 활동을 하면서 그럴 가능성이 특히 더 높다.

대부분의 사람들에게 욕조는 특별한 공간이 아니지만, 현재 갓난아기를 키우거나 아기를 키웠던 기억을 가진 엄마라면 샤워를 한다는 건 당연한 일이 아니라 잠시 아이에게서 벗어날 수 있는 특별한 시간에만 즐길 수 있는 대단한 혜택처럼 느껴질 수 있다. 마음을 편하게 해주는 따뜻한 물은 물론이고 샴푸와 비누의 기분 좋은 향까지, 모든 시시콜콜한 것에 주목하며 감사한 마음을 가질 수도 있다. 그리고 운이 좋아서 간단하게 샤워만 하는 것이 아니라 잠시 욕조에 몸을 담글 여유까지 있다면 천국에 간 것 같은 생각이 들 수도 있다.

그러다 아이들이 어느 정도 자라 엄마의 손이 필요하지 않은 시기가 되면 샤워는 더 이상 대단한 혜택이 아니라 일상적인 일이 된다. 그리고 종종 샤워를 하며 다른 일들을 되짚어보느라 샤워 자체에 온전히 집중하지 않기도 한다. 샤워가 이렇게 일상적이 일이 되었다고 생각될 때는 샤워를 하는 동안 마음챙김 실천법을 수행하며 오래전에 그 감사했던 마음을 떠올려보자.

마음챙김 실천법

감사한 마음으로 샤워하기

가능한 한 샤워를 하는 모든 단계에 온 정신을 집중한다. 수돗물을 틀어놓고 물이 적당한 온도가 되길 기다리는 동안 심호흡을 길게 몇 번 한다. 수도꼭지만 돌리면 물이 나오는 사실에 감사함을 느끼는 것도 좋다. 이 세상의 누군가는 누리지 못하는 호사이니 충분히 감사할 만한 일이다. 샤워기에서 나온 물줄기가 머리 위로 떨어졌다 몸을 타고 흘러내리면 그때 느껴지는 신체 감각에 집중한다.

두피에서부터 시작해서 아래로 천천히 몸을 훑어나가며 각각의 신체 부위에 느껴지는 감각에 몇 초씩 주의를 기울인다. 마음이 다른 곳으로 흘러가려 하면 다시 자신의 몸에 주의를 기울이도록 한다. 비누와 샴푸의 향기도 느껴본다. 샤워를 서둘러 후다닥 마치곤 했다면 속도를 약간만 늦춰 천천히 샤워를 하며 모든 동작과 그 순간의 느낌에 온전히 주목해보자. 장담하건데 그 시간이 아깝지 않을 것이다.

현재 자신의 몸이 마음에 들든 그렇지 않든, 수건으로

몸의 물기를 닦으며 그 몸에 감사함을 표현해보자. 자신의 몸이 지닌 힘과 아름다움, 아무 문제없이 움직이고 기능하는 그 놀라운 능력에 감사함을 느껴보자. 그 몸이 자신의 아이를 키우고 보살펴주고 있음을 떠올려보자. 누구나 자신의 아이에게 관심을 기울이며 보살펴주는 이들에게 온정을 느끼기 마련이다. 그리고 당신이야말로 아이에게 가장 관심을 갖는 사람이므로 자신이 충분히 연민 어린 존경을 받을 자격이 있음을 잊지 말자.

진짜 허기를 채워주는 아침식사

당신의 습관을 조심하라.
그것이 당신의 운명이 된다.
-마가렛 대처

나는 오래전부터 아침을 먹으면서 글을 읽는 습관이 있다. 어릴 때부터 신문을 찬찬히 읽으며 프루트 룹스(과일 맛이 나는 달달한 시리얼 브랜드-옮긴이)를 우적우적 먹곤 했다. 지금도 여전히 주말판 신문이나 온라인 블로그를 보면서 아침으로 베이글에 아몬드 버터와 바나나를 즐겨 먹는다. 그러다 종종 어떤 기사에 몰두하다 보면 아침을 먹은 기억도 없는데 접시가 텅 비어 있는 경우도 있다. 그래서 며칠에 한 번씩 신문이나 휴대전화 등은 옆에 내려두고 마음챙김의 자세로 아침식사에 온전히 집중하곤 한다.

마음챙김 실천법

아침식사에 온전히 집중하기

일주일에 한 번은 마음챙김 상태에서 아침을 먹어보자. 컴퓨터를 끄고, 휴대전화를 치워두고, TV도 끈다. 가족과 함께 식사를 한다면 가족에게도 자신처럼 휴대전화를 내려놓게 해보자. 그리고 음식과 자신의 감각에 집중하고 잠시 음식 자체에 대해 깊이 생각하는 시간을 가져보자.

그날 아침식사가 식탁에 오르기까지 어떤 과정을 거쳤을까? 그 음식의 산지는 어디일까? 시장에서 직접 구입한 것인가, 배송을 받은 것인가? 조리가 필요한 음식이었나? 그 음식을 처음 보는 것처럼 바라보자. 음식의 색, 질감, 모양, 크기에서 주목을 끄는 점이 무엇인지 살펴보고, 그 달콤한 냄새 혹은 알싸함이나 흙내음을 느껴보자. 그런 다음 음식을 입으로 가져가면 입안에 침이 더 도는 것을 느끼게 될지도 모른다.

첫술을 떠서 입에 넣고는 씹지 말고 풍미에 주목해보자. 처음 몇 입은 더 천천히 씹으며 그 순간의 느낌을 온전히 느껴보자. 마음이 식사에 집중하지 못하고 방황을 하려고 하면 디시 음식과 음식을 먹는 그 순간으로 천천히 마음을 데려온다. 여유를 가지고 천천히 식사를 하다 보면 더 적은 양의 음식으로도 포만감을 느끼게 된다. 이처럼 마음챙김 식사는 우리의 몸과 더불어 진짜 허기를 느끼게 함으로써 더 건강하고 더 즐거운 식습관을 갖게 해준다.

이를 닦는 내 모습을 보며 미소 짓기

연구 결과에 따르면, 한 번에 너무 많은 일을 하는 것은
두뇌에 마리화나를 피웠을 때와 같은 영향을 미친다.
다시 말해 어리석은 짓을 하게 만든다.
하지만 어린아이를 키우며 살다 보면 상상 이상으로
한 번에 여러 가지 일을 처리해야 할 때가 많다.
그것도 깨어 있는 시간 중 절반이 넘는 시간을
그렇게 지낸다.
-카트리나 알콘

몇 년 전 내가 근무하는 지역 병원에서 8주 과정의 '마음챙김 기반 스트레스 해소 강좌'를 지도한 적이 있다. 이 강좌에서 내가 수강생들에게 내준 과제 중 하나는 '마음챙김 벨mindful bell 정하기' 였다. 이는 하루 일과 중에서 자신의 모든 주의력을 쏟을 만한 것한 가지를 정하는 일이었다. 내 경우엔 그 일과가 양치질이었다. 나는 양치질을 하는 2분 동안 현재에 머물지 못해 지속적으로 애를 먹곤 했다. 마치 이를 닦으며 동시에 할 만한 일을 찾아 여기저기 걸어 다니고 싶어 몸이 근질거리는 기질을 타고난 것만 같았다. 내가 그러는 이유는 지루함이나 습관 때문일 수도 있고, 귀한 시간을 허비하고 있다는 오래전부터의 굳은 믿음 때문일 수도 있다. 이유가 무엇이든 이제는 이를 닦으며 이런저런 일을 하고 싶다는 생각을 살살 달래며 가만히 있으려 애쓸 줄 알게 되었지만, 수년이 지난 지금까지도 좀처럼 쉽지 않은 일이다.

어린 아들도 나의 버릇을 물려받아 엄마처럼 이를 닦을 때 집안을 이리저리 돌아다니곤 하는데, 그런 아들을 보면 화가 날 때가 많다. 아들은 내가 그 작은 손에 칫솔을 쥐어주기가 무섭게 욕실을 나가 내 벽장 안에 뭐가 있는지 들여다보거나 한눈팔 만한 일은 없는지 어슬렁거린다.

나는 시간이 빠듯해 마음이 급할 때는 아들을 졸졸 따라다니며 가증스럽게도 이렇게 투덜거린다. "제발 이리 와. 이리 오라고. 그냥 가만히 좀 있을 수 없니?" 하지만 더 마음챙김 상태에 있는 날에는 크게 숨을 들이쉬고는 아들을 욕실로 다시 데리고 와서 미소를 지어 보인다. 어쩌면 아들에게도 양치질이 평생의 마음챙김 벨이 될지도 모르겠다.

마음챙김 실천법

나에게 미소 지으며 양치질하기

양치질을 마음챙김 벨로 삼아 꼭 할애해야 하는 2분 동안 자신의 미소를 가다듬어본다. 몸에 너무 깊이 배어 있어 대충 넘어가기 십상인 습관을 시작할 때 생각이 어디로 가는지에 주목한다. 2분 동안 타이머를 설정한 다음, 마음이 슬그머니 양치질에서 벗어나서 다시 되돌려 와야 하는 경우가 몇 번인지 재미 삼아 세어보는 것도 괜찮다.

우리의 마음은 한 가지 일에 집중하지 못하고 이런저런 일들을 하며 정신없이 뛰어다니는 아이들과 비슷하게 굴 때가 아주 많다. 그럴 땐 당신의 아이에게 그러듯 다정하되 단호하게 주의를 되돌려야 한다. 치약의 민트향과 따끔따끔한 감각에 집중하면서 현재에 온전히 머물 수 있는지 스스로의 능력을 시험해보자. 이를 닦으면서 얼마나 세게 힘을 주는지 유심히 살펴본 후 조금 약하게 닦을 수 있는지 시도해본다. 타이머가 울리면 거울 속의 자신에게 미소를 지어주며 자신의 노력에 뿌듯한 마음을 가져보자.

그날의 할 일을 선택하는 법

지식을 구할 때는 날마다 뭔가를 얻으나,
지혜를 구할 때는 날마다 뭔가를 내려놓는다.
-노자

시간은 아주 변덕스럽다. 마치 그 순간이 영원히 이어질 것처럼 천천히 흐를 때가 있는가 하면, 언제 지나갔는지 모를 정도로 순식간에 지나가는 순간도 있다. 나의 경우에는 글을 쓰려고 컴퓨터 앞에 앉아 있을 때는 시간이 훌쩍 지나가버린다. 화면에서 고개를 들어보면 몇 분밖에 안 된 것 같았는데 어느새 2시간이 지나 있다. 반면에 아들과 함께 레고를 조립하는 시간은 고통스러울 만큼 느릿느릿 지나가는 것처럼 느껴진다.

시간에 대한 느낌은 그날 할 일들이 무엇인지에 따라서도 영향을 받는다. 나는 내가 그날 해야 할 일들의 목록을 만들곤 하는데,

이렇게 목록을 만드는 걸 좋아하는 이유는 끝도 없어 보이는 자질구레한 일들을 종이에 명확히 정리해두면 그것들을 기억하고 있느라 애써야 할 필요가 없기 때문이다. 할 일 리스트를 정리해두면 잠이 들려다 깜박 잊고 하지 못한 일이 불쑥 떠오르는 경우도 크게 줄어든다. 자다가 벌떡 일어나 '이런, 친구에게 전화하는 걸 까먹었잖아!' 하며 투덜거릴 일이 덜 생긴다는 얘기다.

해야 할 일의 목록을 작성할 때는 잊지 않고 해야 할 모든 일을 정리해두는 '마스터 리스트master list'와 그날 마쳐야 할 일들을 정리해두는 '데일리 리스트daily list'를 따로 정리해야 한다. 내가 할 일 목록을 만드는 걸 강조하는 이유는 모든 엄마들이 집안 살림을 포함해 수많은 역할을 하고 있기 때문이다. 가장의 역할과는 달리 살림은 챙겨야 할 세세한 일들이 끝도 없이 이어져서 정신의 공간을 아주 많이 차지한다. 생일, 카풀, 치과 예약, 학교에 제출할 서류, 비타민, 모금 행사, 운동 스케줄 등 엄마가 처리해야 하는 할 일들이 다 열거하기도 힘들 지경이다. 그야말로 만만한 일이 아니며 엄청난 시간과 노력이 수반되는 일이다.

거의 매일 이른 아침, 명상을 하고 좋아하는 커피를 마시고 난 후에 내가 하는 일은 그날의 할 일 목록을 작성하는 것이다. 목록을 적을 때부터 막연히 의식하긴 하지만, 카페인이 일으킨 흥분이 가라앉고 현실이 자리 잡으면 야심 찬 목록의 강도를 조정해야 할 때도 많다. 잠깐 멈춰 해야 할 일들의 실행 가능성을 제대로 평가하지 않은 날에는 특히 더 시간이 없다는 생각에 쫓겨 스트레스를 받는다. 자신도 모르는 사이에 적어 놓은 일들을 다 하기에 시간이 부족하다는 느낌을 받을 수밖에 없도록 스스로를 내몬다. 도저히 하루에 해낼 수 없는 계획을 세웠으니 그럴 수밖에 없다. 미친 듯한 속도로 일들을 해치우며 내가 뭘 하고 있는지도 온전히 의식하지 못하고, 하나의 일을 마쳐가는 중에 정신은 이미 다음 일을 준비하고 있다. 그러니 리스트를 작성하다 멈추고 심호흡을 몇 번 하지 않으면 목록에 제멋대로 적어놓은 일들을 절대적인 것으로 여기게 될 수도 있다.

나는 아이들이 태어난 이후 어딘가에 가기 전에 딱 하나의 일만 더 할 짬을 내려 애쓸 때가 자주 있다. 그래서 종종 더 많은 일을 해내긴 하지만 그러려면 그만한 대가가 치러야 한다. 물론 할 일의 목록을 하나씩 지워나가며 기분이 좋아질 수도 있지만, 결국 나는 미친 듯 일을 해치우려 하기보다 조금은 속도를 조절할 수 있는 방법을 찾아냈다. 그리고 그 덕분에 사실상 더 생산적인 사람이 되는 한편 시간이 천천히 가는 것처럼 느낄 수도 있게 되었다. 시간의 흐름에 대한 느낌은 몸과 마음의 속도, 그리고 그 이면에 있는 긴박한 느낌의 영향을 크게 받는다.

물론, 오늘 반드시 처리해야 할 일들은 분명 있을 것이다. 하지만 대개의 경우 오늘 해야 할 일을 다 처리한다고 해도 그런 일들은 또 생기기 마련이다. 실제로 그런 일들은 해도 해도 끝이 없기 때문이다. 나의 경험에 따르면, 시간을 쥐어짜 한 가지 일을 더 하려고 애를 쓰지 않는 것이 오히려 굉장한 도움이 된다. 할 일의 목록을 줄이면 신기하게도 삶이 긴박하거나 초조하게 느껴지지 않고 좀 더 여유로운 느낌이 든다. 정말로 시간이 많기 때문이다. 그렇다면 해야 할 일들은 어떻게 해야 할까? 결국엔 모두 선을 그어 지워나가게 되고, 어김없이 금세 더 많은 일들로 대신 채워지기 마련이다.

마음챙김 실천법

해야 할 일의 목록 만들기

우선 잠깐 멈추고 몇 번 깊게 숨을 들이쉬며 마음챙김 호흡을 한다. 할 일 목록을 살펴보며 몸에 일어나는 반응에 주목한다. 배 속이 울렁거리는 느낌이 오는가? 어깨가 긴장으로 굳어지는가? 버거운 느낌이 드는가? 그날의 할 일 목록을 적절하게 만들었다면 몸도 마음도 편안한 느낌이 들고 그날이 신나는 하루로 다가올지도 모른다. 이렇게 잠깐 멈춰서 몸의 반응에 주목하면 우선순위를 매기면서 반드시 해야 할 필요가 없는 일에 대해서는 집착을 놓을 수 있다. 리스트의 할 일들 하나하나가 정말로 그날 꼭 해야 하는 일인지 스스로에게 물어보자.

하나의 일에서 다음 일로 급하게 서둘러 넘어가면 마음챙김을 실천하기가 쉽지 않다. 가능하다면 몇 가지 일은 '시간이 날 때 할 일'로 분류하거나 목록에서 아예 삭제해버리면 하루를 좀 더 여유 있게 보내며 마음을 챙기면서 차분하게 활동할 수 있다. 일주일 동안 매일 이런 식으로 하며 자신이 얼마나 많은 일을 얼마나 의식 있게 해내고 있는지 주의를 기울여본다. 필요할 경우엔 매일 해야 할 일들을 조정해나간다.

버스 정류장에서의 행복한 인사법

희망과 근심, 공포와 불안 가운데
그대 앞에서 빛나고 있는 하루하루를
마지막이라고 생각하라.
그러면 예측할 수 없는 시간은
그대에게 더 많은 시간을 줄 것이다.
-호레스

딸이 처음으로 유치원에 가던 날 아침의 기억이 선하다. 나는 딸아이가 유치원 버스에 올라 타 창밖으로 손을 흔들며 인사할 때 과연 어떤 마음이 들지 기대되었다. 아쉬운 마음에 눈물을 보이게 될까, 아니면 펄쩍 뛰고 싶을 만큼 기쁜 마음이 들까? 내가 기억하기론 그 순간 두 가지 마음이 뒤섞여 있었다. 딸의 삶에 새로운 장이 열린다고 생각하니 아쉬운 감정에 한숨이 나왔다. 동시에 순식간에 지나가겠지만 아이가 유치원에 있는 몇 시간이나마 혼자만의 시간을 가질 수 있다는 것이 감사하기도 했다. 사랑하는 딸아이가 버스를 타고 떠나는 모습을 지켜보다 들어와 정신없이 자질구레한 집안일을 하던 순간도 기억난다. 아이가 유치원에서 첫날을 어떻게 보냈을지 궁금해 딸이 돌아올 순간이 너무 기다려졌다. 흥분과 초조함 속에서 새로운 경험을 하고 있을 딸의 모습이 마음속에 그려지기도 했다.

몇 시간이 지난 후 아이가 미소를 머금고 버스에서 폴짝 뛰어내리더니 버스에서 새 친구를 사귀어 유치원에 갈 때도 올 때도 같이 앉아 왔다고 신이 나서 얘기하는 모습을 보자 마음이 놓였다. "걔는 생긴 것도 나랑 비슷해요, 엄마! 밝은 갈색 머리에 파란 눈을 가지고 있고 볼이 통통해요!" 어린 딸의 입에서 나오는 말을 듣고 있으니 기특한 마음이 벅차올라 눈물이 고였다.

우리는 등교 일과에 적응하게 되었고 몇 번의 계절이 지나는 사이에 버스 정류장에서 딸아이와 헤어지는 모습도 점차 바뀌어갔다. 딸이 반항적 기질의 여자애한테 괴롭힘을 당했을 때 눈물로 보내던 시기를 겪기도 했지만 현장학습으로 들떠 하고, 중요한 발표 수업을 앞두고 초조해하고 일이 순탄하게 술술 돌아가는 듯해 평온하던 시기들도 있었다.

하지만 유치원 입학 이후 몇 년이 지나는 동안 버스 정류장에서 아이와 나누던 이별의 모습이 변한 것을 생각하면 안타까운 마음이 든다. 초등학교 초반의 그 달콤하던 몇 년 동안만 해도 우리 모녀는 앞에 버스가 서면 포옹하고 입을 맞추며 사랑한다고 말했다. 버스가 천천히 떠날 때는 둘 다 서로를 향해 손을 흔들며 손으로 키스를 날리기도 했다. 그러다 초등학교 고학년이 되자 아이는 내키지 않지만 엄마가 원하니 어쩔 수 없이 해준다는 식으로 한 팔로만 포옹을 해주곤 했다. 다정하지만 요란스럽지 않은 손인사는 십대 초반이던 딸아이만큼이나 좀 차갑게 느껴졌다.

딸이 중학생이 된 이후에는 창피하다며 손을 흔들어 인사하는 일도, 만지는 것도, 그리고 정말 속상한 일이지만 애정 표현까지도 절대 하지 않게 되었다. 그럼에도 나는 딸아이가 어린 시절처럼 인사를 해주길 바라는 마음이 있어서 창피해하는 딸에게 포옹과 애정 표현을 계속 해달라고 요구하기도 한다. 그러다 보니 나는 십대의 엄마로서 아이에게 약간은 창피함을 주면서 애정 표현을 요구하며 조금은 비뚤어진 즐거움을 느낄 줄 알게 되었다. 그런 행동이 쿨한 엄마처럼 보이지는 않겠지만 확실히 재미있다.

마음챙김 실천법

아이에게 힘이 되어주는 인사법

아이가 몇 살이든, 부모와 함께 있는 것을 중요하게 생각하든 아니든 아이 옆에 있어준다. 아이와 함께 있을 때는 휴대전화를 들여다보아서는 안 된다. 차라리 휴대전화를 집에 두고 나와도 좋다. 아이가 버스에 타기 전에 얘기를 건네거나 의미 있는 표정을 지어 보이거나 눈빛을 보내는 식으로 아이에게 기운을 북돋워주기 위한 마음의 준비를 한다. 크고 넓은 세상에 나가는 아이에게 그런 격려가 그날 하루를 지탱하게 해줄 힘이 되기도 한다. 그날의 상황에 따라 아이는 고된 세상을 살 수도, 호의적인 세상을 살 수도 있다. 그리고 원한다면 아이가 버스에 오를 때 애정 어린 바람이나 기도를 나직이 읊조리는 것도 좋다. 이미 당신의 마음을 가지고 가는 아이에게 따뜻한 바람도 함께 따라다니도록.

제3장

“이것들 언제 크나!”에서 “하루만큼 또 컸구나”로

육아를 ‘노동’ 아닌 ‘감동’으로 변화시키는 마음챙김

이제는 까마득히 멀게 느껴지는 예전의 일이지만 나는 아침마다 날이 밝기 전에 딸, 남편보다 먼저 일어나 30분 정도 조용하고 차분하게 명상을 했다. 그 시간에는 외부의 일이나 아직 잠자리에 있는 가족에게 방해받는 일이 거의 없었다. 명상이란 게 늘 그렇듯 그 30분 동안 내 마음은 무수히 다른 방향으로 흘러가곤 했지만, 집 안에서는 아무도 그 이른 시간에 나를 귀찮게 하는 것은 없을 거라는 생각에 느긋할 수 있었다. 너무나도 소중한 그 30분 동안은 나와 나 자신, 배회하는 생각만 있을 뿐이었다. 조용하고 차분하고 끊김 없는 시간이었다.

그러다 아들이 태어나며 귀청을 찢는 듯한 아기의 울음소리가 시도 때도 없이 집 안에 울려 퍼졌다. 그리고 나는 익숙하게 해왔던 명상에 작별을 고하고 새로운 일상을 맞이했다.

새벽 5시가 조금 넘은 시각, 나는 거실의 조용한 어둠 속에 앉아 있다. 밖에서는 귀뚜라미가 울고 우리 집 반려견만이 내 옆을 지키고 있다. 나는 거실 한쪽에 자리를 잡고 앉아 흐트러짐 없이 들숨과 날숨에 주의를 기울이며 숨을 들이쉬었다 내쉬고 또 들이쉬었다 내쉬기를 반복한다. 그때 위층 방에서 작지만 힘찬 고함이 들려와 깜짝 놀란다. "앙…. 앙…. 목말라요…. 목말라요!" 나는 한숨을 내쉬며 앉아 있던 명상 방석 위에서 몸을 일으켜 세운다. 요즘 들어 아들이 일찍 잠에서 깨곤 하지만 새벽 5시는 너무 이른 시간이다. 나는 조금이라도 더 나만의 시간을 갖기 위해 잽싸게 아들의 방으로 올라가 다정히 아들을 무릎 위에 앉히고 우유가 들어 있는 빨대컵을 입에 물려준다. 아들은 내 가슴에 기대 다시 안정을 찾으며 만족스럽게 우유를 먹는다.

내가 초보 명상가였다면 아들의 방해 때문에 소중한 30분을 망쳤다는 생각이 들어 짜증이 치밀었을 것이다. 초보들은 흔히 완벽한 명상 같은 것이 있다고 생각하지만, 그렇지 않다. 모든 명상은 그날그날 매순간 다르다. 마음이 평온할 때도 있고 걱정으로 마음이 편치 않을 때도 있으며, 잠이 쏟아지는 날도 있고 한숨도 자지 못한 날도 있다. 이처럼 그날의 상황에 따라 명상은 매일 달라진다.

시간이 좀 걸리긴 했지만 나는 이런 완벽하지 못한 순간들을 인정하고, 더 나아가 느긋하게 받아들일 줄 알게 되었다. 여전히 방해받지 않고 시간을 보내길 더 좋아하지만 종종 나만의 시간을 비집고 들어오는 아들의 방해가 곧 수행의 과정이 되었다. 명상이란 방황하는 마음을 현재의 순간으로 다시 데려오고 또 데려오는 것이다. 그렇게 마음을 훈련시키며 어떤 상황이든 받아들이게 되는 것이다. 아이들이 일으키는 소란과 방해까지도 마음챙김을 통해 받아들이게 된다면, 아이들은 우리의 가장 훌륭한 스승이 될 수도 있다

나는 침대에서 아들을 끌어안고 나 자신을 나의 생각으로부터 살살 끌고 나와 바로 내 앞에 있는 대상인 아들에게 주목한다. 무릎 위에 아이를 앉히고는 아들의 단단한 몸의 무게를 느껴본다. 새 같은 늑골에 손을 대보며 힘차게 뛰는 심장의 박동도 느껴본다. 아들의 얼굴을 어루만지며 그 따뜻한 온기와 아직도 아기 같은 보들보들한 살결을 주의 깊게 살펴본다. 아들의 고사리 같은 손을 가만히 쥐고 있으면 그 조그맣고 사랑스러운 손가락에 경외감이 든다. 아들이 내 손을 살짝 쥘 때는 가슴이 벅차오른다. 나는 내 호흡에 주목하며 숨을 들이쉬었다 내쉬고, 다시 들이쉬었다 내쉰다.

미래를 그려보기도 한다. 아들이 성큼 자라서 어떤 방해도 없이 편안하게 명상에 몰입하지만, 조금은 허전함을 느낄 수도 있는 순간을 생각해본다. 하지만 그런 미래가 오기까지는 시간이 걸릴 것이다. 그리고 나는 지금 여기에 있다. 어쨌든 완벽한 명상 같은 건 없다. 어떤 경우에는 분명 완벽함과는 거리가 먼 명상을 할 때가 있는가 하면, 명상을 하며 천국과 같은 기분을 느낄 때도 있다.

완벽하지 않더라도 지금 이 순간 작은 걸음을 내딛는 것이 중요하다. 기대와 선입관을 버려라. 지금 자신이 처한 상황에서 비롯된

산만함과 불완전함까지도 받아들이고 포용하자. 때로는 바로 그런 상황 속에 가장 큰 선물이 놓여 있다.

곧 첫아기가 태어날 예정이든 다섯 번째 손주를 맞을 예정이든, 이번 장을 통해 가족이 더 차분하고 깊은 유대감을 형성하며 균형 잡힌 삶을 만들어나갈 쉽고 간단한 방법을 찾게 될 것이다. 이 장에서 소개하는 마음챙김 실천법들은 아이들을 기르며 가족 간의 끈끈한 유대를 쌓을 수 있게 해줄 것이다. 또한 자기 자신과 더 강하게 연결되어 있다는 느낌을 받으며 자신의 욕구와 행복이 곧 가족의 행복으로 이어진다는 사실을 깨닫게 될 것이다.

크리스틴 카터가 쓴《아이의 행복 키우기Raising Happiness》에서는 마음챙김이 가져오는 가족 간의 유대에 대해 다음과 같이 말하고 있다.

> 마음챙김 수행은 부모들이 아이를 기르면서 느끼는 스트레스를 줄여주고 더 큰 기쁨을 느끼게 해줄 뿐만 아니라 아이들에게도 아주 유익하다. 이는 자녀가 아니라 부모만 마음챙김을 수행하는 경우에도 해당된다. 1년 동안 아이들을 기르면서 마음챙김 수행을 한 부모들은 새로운 양육법을 실천하지 않더라도 아이들과의 관계와 소통에서 훨씬 더 큰 만족감을 느꼈다. 1년에 걸친 연구 기간 동안 마음챙김 수행을 한 이들의 자녀들도 더 좋은 방향으로 행동에 변화가 일어났으며, 형제자매 사이에도 다

틈이 줄어들며 사이가 더 좋아졌고, 인간관계도 원만하게 유지하게 되었다. 그런데 이런 아이들의 부모가 한 일은 마음챙김 수행이 다였다.

실제로 나는 마음챙김을 통해 양육의 모든 단계에서 엄마들의 삶이 완전히 바뀌는 것을 수없이 목격했다. 하루 단 5분의 시간을 내는 것으로 당신의 삶에도 그런 변화가 시작될 수 있다. 이번 장에서 소개하는 방법들을 통해 가족의 생활에 마음챙김을 창의적이고 매끄럽게 접목할 수 있을 것이다. 또한 갓난아기에게 수유를 하는 중이든, 십대 초반의 아이와 함께 간식을 먹는 순간이든, 사춘기의 십대 자녀를 상대하는 순간이든, 모든 순간에 더 잘 대처하며 그 순간을 더 잘 음미하게 이끌어줄 것이다.

세 번 호흡 포옹으로 사랑의 온기를 느낀다

아이를 품에 안거나 어머니나 남편이나 친구를 안을 때
세 번 숨을 들이쉬었다 내쉬면
행복이 열 배는 더 커질 것이다.
-틱낫한

나는 딸아이가 학교에 입학하기 전에 이 수행법을 배웠다. 그리고 폭발하는 감정을 가라앉혀줄 따뜻한 방법으로 이 수행법을 딸에게도 가르쳐주었다. 아이를 기르는 과정에서 자주 있는 일이지만, 그때 나는 내 자신이 딸에게 도움이 되는 것이 무엇인지 잘 알고 있는 좋은 엄마라고 착각하고 있었다. 하지만 내가 딸에게 얼마나 많이 배우고 있는지를 깨달으며 내 생각은 완전히 달라졌다.

스트레스가 유독 심했던 어느 날 저녁, 나는 엄마 역할에서 잠시나마 벗어나고 싶은 마음이 너무나 절실해서 욕실로 도망쳐 눈을 감고 여러 번 심호흡을 했다. 한참을 그러고 있는데 밖에서 발소리가 들려 눈을 떠보니 욕실 문 밑으로 접힌 종이 하나가 쓱 들어왔다. 종이를 펼쳐 보니 다섯 살배기 아이가 삐뚤빼뚤 쓴 귀여운 글씨가 눈에 들어왔다. "세 번 호흡 포옹을 하게 제 방에서 봐요." 그 순간 사랑의 온기로 가슴이 따뜻해졌다.

마음챙김 실천법

포옹하고 세 번 호흡하기

아이를 안은 채 둘이 함께 세 번 심호흡을 한다. 어깨에 힘을 빼고 긴장하고 있는 근육을 이완시킨다. 근육에서 힘을 빼면서 긴장이 서서히 사라지는 것을 느낀다. 아이와 남편에게도 이런 포옹법을 알려준다. 어린아이들은 포옹을 아주 좋아한다. 아침에 출근을 할 때, 아이가 포옹으로 안정감을 느끼고 싶어할 때, 아니면 그냥 포옹을 하고 싶을 때도 이런 포옹법을 이용해보자. 그러다보면 깜짝 선물처럼 아이가 사랑하는 엄마에게 너무도 절실하던 세 번 호흡 포옹을 해줄지도 모를 일이다.

차 안에서 아이와 함께한 행복한 순간들

나는 나에게 주어진 하루의
모든 시간을 즐기겠다고 약속한다.
-틱낫한

아이를 낳은 후 퇴원해서 집으로 가기 위해 갓난아이를 처음 차에 태우며 카시트의 안전벨트를 조심조심 채워주던 것이 기억나는가? 그리고 어느새 시간은 훌쩍 지나가 뒷자리에 앉아 공갈젖꼭지를 물고 있는 아이를 룸미러로 쳐다보게 되는 시기가 다가온다. 하지만 그 순간 역시 눈 깜박할 사이에 지나가버린다. 그리고는 걸음마를 시작한 아이와 함께 차를 타고 가면서 흥겹게 노래를 부르며 아이의 미소를 쳐다보는 시기가 시작된다.

얼마 지나지 않아 아이가 학교에 입학할 나이가 되면 숨 쉴 틈 없이 재잘거려 잠깐이라도 조용히 있었으면 싶은 시기가 오고, 그 이후에는 조수석에 앉은 아이를 힐끗 쳐다보면 어느새 성큼 자라서 다리를 쭉 뻗은 채 앉아 있다. 항상 이어폰을 끼고는 입을 꾹 닫은 채 한때 그토록 바라던 침묵을 지키고 있는 것이 이제는 서운하기도 하다.

그런데 그 순간 또한 눈 깜박할 사이에 지나가고 내가 조수석에 앉아 운전석에 앉은 아이에게 운전을 가르치고 아이가 운전하는 것을 지켜봐야 하는 시기가 온다. '평정심을 유지한 채 아이에게 운전을 가르칠 수 있을까? 운전을 배운 후에는 아이가 사고 없이 무사히 운전을 하며 다닐 수 있을까?' 수많은 걱정이 시작된다.

나의 큰 딸이 면허를 취득하고 운전을 시작할 시기가 점점 가까워오면서 이런 걱정을 다루기 위해 마음챙김 수행을 하게 될 나의 모습까지 상상하게 된다. 신중하고 책임감 있는 딸이 차를 안전하게 잘 몰고 다닐 거라는 믿음으로 위안을 삼지만, 속담에도 있듯 부모가 되면 평생 심장을 밖에 내놓고 다니는 것 같은 심정이 된다.

하지만 무엇보다 우려가 되는 것은 딸에게 운전을 가르치는 것이다. 딸에게 운전을 가르치며 내가 얼마나 인내심을 발휘할 수 있을지 자신이 없기 때문이다. 생각해보면 딸에게 신발끈 묶는 법을 가르칠 때도 나는 내가 얼마나 인내심이 부족한지 느꼈다. 하지만 갓난아이를 태우고 처음 집으로 돌아오던 순간부터 지금까지 아이와 차 안에서 함께하며 행복했던 시간들이 순식간에 지나간 것처럼 아이에게 운전을 가르치며 티격태격한 시간 또한 그리워질 때가 올 것이다. 이런 사실을 생각한다면 아이에게 운전을 가르치며 딸과 차에서 함께한 또 하나의 추억을 갖게 되는 것이 기대가 되기도 한다.

누구나 그렇듯이 나는 내 목숨이 걱정될 만한 상황을 즐기지 않는다. 모험을 펼치는 삶을 좋아하기는 하지만 그 과정에서도 안전을 추구하는 편이다. 딸아이와 함께 안전하게 운전 연수를 마치며 행복한 추억 하나를 더할 수 있기를 바란다.

마음챙김 실천법

아이와의 소중한 추억 만들기

깊게 숨을 들이쉬었다 내쉰다. 아주 크게 심호흡을 한다. 그 순간에는 아마 그런 심호흡이 필요할 것이다. 아이가 운전석에 앉고 자신이 조수석에 앉을 때는 몸을 쭉 훑으며 긴장된 곳이 없는지 잠깐 살핀다. 어깨에서 힘을 빼고, 다리의 긴장을 풀고, 눈과 이마와 입 주변의 근육을 이완시킨다. 아이에게 똑같이 해보라고 권하는 것도 좋다.

최대한 몸의 긴장을 풀고 침착한 어조를 유지하되 차분해 보이려 너무 애쓰진 않는다. 아이는 지금 초조해하고 있고, 당신 역시 초조해한다는 것도 아주 잘 알고 있다. 이 사실을 인정하고 받아들여야 눈앞에 놓인 과제에 더 또렷이 집중할 수 있다. 가끔씩 잠깐 멈춰서 호흡을 하며 몸의 긴장 상태를 확인한다. 긴장된 근육을 풀어준다. 자신이나 아이 모두 다 잘하고 있다고 상기해본다.

둘 사이에 긴장이 흐르면 지금은 온전히 현재에 주목할 순간이며, 지금 당장은 힘들지 몰라도 언젠가 아이에게 운전을 가르쳤다는 것이 소중한 기억이 될 수도 있음을, 그리고 지금은 마음껏 즐겨야 할 순간임을 생각해보자. 또한 눈 깜박할 사이에 지나갔던 아이와 함께 했던 순간들을 떠올려보자. 모든 노력을 했는데도 아이에게 운전을 맡기는 것이 편안해지지 않는다면 또 다른 대안이 있다. 전문 강사에게 맡기는 것이다. 나와 가족의 마음과 안전을 위해서라면 그만한 비용은 지불할 가치가 있음을 잊지 말자.

수유의 과정이
곧 명상의 과정이다

마음은 모든 것이다.
우리는 생각한 대로의 사람이 된다.
–붓다

아이에게 모유를 먹일지 분유를 먹일지의 문제는 자신과 아이, 그리고 주변의 상황에 따라 편한 쪽을 선택하는 것이 좋다는 게 내 생각이다. 아이를 기르는 상황은 사람에 따라 저마다 다르다. 내 경우에 큰아이에게는 모유 수유를 할 수 있어 기뻤지만, 둘째 아이인 아들에게는 여러 이유로 모유 수유를 하지 못했다. 어느 쪽을 선택하든 아기에게 영양분을 채워주며 보살펴주는 것은 같고, 어느 쪽이든 아이에게 쏟는 노력과 시간도 적지 않다. 물론 분유나 모유 수유를 선택할 수 있는 여지가 있다는 사실 자체가 운이 좋은 것일 수도 있다.

젖먹이에게 수유를 하는 일은 명상과 닮았다. 아이에게 수유를 하며 오래 앉아 있다 보면 지루하다가 행복한 감정이 벅차오르기도 하고, 가만히 못 있을 만큼 힘겹다가 만족스럽기도 하며, 때로는 참기 힘들 만큼 졸립기도 하다. 이런 모든 순간과 감정을 오간다는 점에서 아이에게 수유를 하는 것과 명상은 비슷한 점이 많다. 언제 수유를 하는지, 그 순간의 기분이 어떤지, 모유 수유에 얼마나 익숙한지 등에 따라 한 번 수유를 하면서도 이런 마음 상태를 여러 차례 거칠 수도 있다. 기억을 더듬어보면 내 경우엔 모유 수유를 할 때 딸이 하루 내내 내 가슴에 붙어 있는 것 같은 생각이 들 때도 있었다. 딸이 빨리 젖을 다 먹길 기다리느라 안달이 날 때도 있었다. 그런가 하면 바깥세상으로부터 한숨 돌리는 반가운 휴식을 즐기고 이 작고 경이로운 존재와 다시 연결될 수 있는 기적 같은 순간을 느끼며 현재에 온전히 머무는 것에 감사할 때도 있었다.

마음챙김 실천법

마음챙김의 상태로 수유하기

수유를 시작할 때 자신의 기분에 주목한다. 평온한 느낌인지, 안절부절못하는 상태인지, 따분한지, 감사한 마음이 드는지, 분통이 치미는지 살펴본다. 어떤 기분이든 그 순간 자신의 기분을 비판하지 말고 있는 그대로 받아들인다. 이번엔 자신의 신체 감각으로 주의를 돌린다. 지금 어떤 감각을 느끼고 있는가? 자신의 몸에 닿는 아이의 따뜻한 체온을 느낄 수도 있고, 젖을 물고 있는 아이의 입술, 안정된 자세로 젖을 빨고 있는 아이의 작은 몸, 아이가 젖을 빠는 순간의 따끔따끔한 느낌, 자신의 호흡이나 아이의 호흡이 느껴질 수도 있다. 젖병을 열심히 빨고 있는 작은 입, 우유를 꿀떡꿀떡 삼키는 귀여운 모습, 그렇게 먹을 때의 숨결까지, 기적 같은 모습을 하나하나 살펴본다.

마음이 다른 곳을 배회할 때마다 시시각각 변하는 다양한 신체 반응으로 천천히 주의를 되돌린다. 그리고 그 시간이 마음챙김 수행이 되도록 한다. 이제 막 엄마가 되어 한창 힘이 들 때는 그런 순간이 수행이 된다는 게 잘 상상이 안 될 수도 있다. 하지만 언젠가는 수유가 끝나는 날이 올 것이며, 그 순간을 경이로웠던 경험으로 뒤돌아보게 될 것이다. 그러니 최대한 몸과 마음의 곁에 머무르길.

나만의 공간이 만들어준 특별한 점심식사

자기 자신을 보호하라.
지혜로운 사람은
하루 세 때 가운데 한 번은 자기를 살핀다.
–《법구경》

우리 집에서의 점심식사는 그날그날의 상황에 따라 다르다. 학기 중에는 어린 아들과 둘이서만 함께 점심을 먹는다. 최대한 그러지 않으려 애쓰지만, 급한 업무 때문에 전화를 해야 하거나 글을 쓰려는 마음에 아들의 입에 음식을 쑤셔 넣듯 배를 채워주고는 낮잠을 좀 재워야겠다는 생각이 드는 날도 있다. 그런 날은 아들을 아일랜드 식탁에 앉히고 나는 아들 옆에 선 채로 주방을 정리했다가 아들에게 밥을 먹였다가 나도 옆에서 간신히 밥 한 술을 떠먹으며 왔다 갔다 한다. 이건 마음챙김 식사법과는 거리가 한참 멀다.

약간 더 사정이 나은 날에는 가족들이 주로 식사를 하는 장소인 거실 탁자 앞에 앉아 조금 더 인간답게 식사를 할 때도 있다. 그럴 땐 활동이 왕성한 네 살배기 아이들이 으레 그러듯, 아들은 한두 입 먹고 나서 집 안을 여기저기 누비고 다니다가 다시 식탁에 와서 또 한 입을 먹고 돌아다니길 배가 부를 때까지 반복한다. 이런 식사는 둘이 함께하는 시간이 뚝뚝 끊어지기는 해도 엄마에게 마음챙김을 하며 점심식사를 할 기회가 좀 더 많아진다.

하지만 내가 점심식사 장소로 가장 좋아하는 곳은 우리 집 뒤뜰이 내려다보이고 집 근처의 풍경을 볼 수 있는 테라스의 야외 테이블이다. 우리는 1년 중 세 계절은 이 테라스에서 식사를 하곤 하며, 겨울에도 날씨가 포근한 날엔 이따금 나와서 먹는다. 얼마 전 제법 쌀쌀한 날씨였음에도 우리는 겨울 코트와 모자를 잔뜩 챙겨 입고서는 수프와 샌드위치를 가지고 테라스로 나와 식사를 하기도 했다.

우리는 둘 다 상쾌한 공기, 계절마다 바뀌는 경치, 자연에 둘러싸여 앉아 있으면 더 자연스럽게 대화가 이어지고 그런 대화에서 즐거움을 느낀다. 이 특별한 공간에는 어린 아들이 좀 더 느긋하게 식사에 집중할 수 있게 하는 특별한 기운이 있는 듯하다. 나 또한 그곳에서는 이메일과 휴대전화의 유혹이나 산만함에서 벗어나 여유로워진다. 아마도 탁 트인 야외 공간이 마음을 진정시켜주기 때문일 것이다.

마음챙김 실천법

나만의 특별한 점심 의식 만들기

밖으로 나가든 나가지 않든, 집에서 더 마음을 챙기며 점심을 먹을 만한 특별한 공간을 찾는다. 거실 바닥에 푹신한 담요를 깔고 실내 피크닉을 즐겨도 좋고, 전자기기가 없는 방의 아늑한 소파나 야외의 나무 밑 벤치에 앉아 식사를 해보는 것도 좋다. 주의를 산만하게 하는 것이 없이 마음챙김 상태에서 점심을 먹기 위한 여건을 조성해서 편안하면서도 색다른 느낌이 들게 하기 때문이다.

자신이 특별하게 생각하는 것이 무엇인지 생각해보자. 사람에 따라 햇살의 따사로움일 수도 있고, 담요의 푹신함이나 조용한 소리일 수도 있다. 심호흡을 하며 앞에 놓인 음식과 함께하는 시간에 감사함을 느껴보자. 천천히 식사하며 그 음식의 풍미와 냄새와 식감이 어떤지 얘기를 나눠보자. 매일 이런 식으로 식사를 할 수 없더라도 상관없다. 지금 이 순간 느긋한 마음으로 식사를 즐길 수 있는 나만의 특별한 마음챙김 점심 의식을 가져보자.

음악으로 아이와의 추억을 채워라

당연한 얘기지만 하루하루를 보내는 방법이
곧 삶을 보내는 방법이 된다.
–애니 딜러드

음악은 때때로 우리의 기분에 아주 강한 영향을 미친다. 어떤 노래는 과거 어떤 순간의 기억과 기분을 떠오르게 해서 우리를 그 순간으로 보내주기도 한다. 딸이 갓난아기였을 때 나는 딸에게 수많은 별명을 지어주고는 매번 다른 별명으로 아이를 불러서 아이가 자기 이름을 익히지 못하면 어쩌나 하는 걱정이 들 정도였다. 딸아이의 수많은 별명 중 하나였던 '루시'는 당시에 우리 지역의 라디오 방송에서 인기를 끌던 라이언 애덤스의 노래 제목이기도 했다. 나는 딸을 품에 꼭 안고 그 음악의 빠른 비트에 맞춰 몸을 들썩거리며 춤을 추기도 했다. 그럴 때면 딸아이와 나의 얼굴에는 즐거운 미소가 번졌고, 서로 눈이 마주칠 때는 서로의 눈빛에서 사랑과 행복을 온전히 느낄 수 있었다. 13년 가까이 지난 지금도 그 노래를 들으면 절로 미소가 지어지면서 딸이 내 품에 쏙 안겨 있던 그 순간의 기억들이 밀려온다.

둘째를 낳았을 때에도 나는 아들과 내가 모두 좋아할 만한 적당한 템포의 댄스곡을 찾았다. 아들과 함께 들으며 춤을 추곤 하던 키라 윌리의 〈롤러코스터〉나 레드 몰리의 곡을 들을 때면 지금까지도 울컥해지며 눈물이 그렁그렁 고이곤 한다. 어린 아들도 아직 그 음악을 들으면 여전히 그때의 기분을 느끼는 것처럼 보인다. 음악으로 채워진 이런 기억들은 엄마와 아이 사이에 깊은 공감대를 만들어주는 소중한 순간이자 더할 나위 없는 행복한 순간이다.

마음챙김 실천법

음악에 몸을 맡겨보기

하루 일과 중에 음악과 함께하는 시간을 가져보길 권한다. 그 순간에 필요한 것이 무엇인지에 주목한다. 현재의 기분은 어떤지, 기분을 약간 바꾸거나 북돋울 필요는 없는지 생각해보자. 그리고 그 순간에 적절한 음악에 맞춰 몸을 들썩여보자. 경우에 따라 어떤 날은 활기로 충만한 밝은 노래에 맞춰 몸을 흔들며 이런저런 일 때문에 느꼈던 스트레스와 어수선한 기분을 떨쳐내야 할 때도 있을 것이다. 달콤하고 따뜻한 느낌의 느린 음악에 맞춰 춤을 추며 긴장을 풀어야 할 때도 있을 것이다.

사랑하는 아이와 함께 몸을 들썩이면서 자신의 신체 감각에 주목해보자. 온몸에 활기가 도는 것 같은 느낌이 들지 않는가? 잔뜩 움츠렸던 어깨에 긴장이 풀리거나 얼굴에 미소가 번지지는 않는가? 가슴과 심장에 따뜻함이 느껴지는가? 호흡은 어떤가? 음악에 맞춰 느려지거나 빨라지지 않았는가? 음악과 함께하는 일상에 옳거나 그른 방법은 없다. 가능한 한 그곳에 머물며 그 순간과 음악과 몸의 움직임과 사랑에 몰두하면 된다. 그냥 리듬에 몸을 맡겨보자.

일상을 기적으로 만드는 따뜻한 눈맞춤

삶은 무대 위에서 하는 연습이 아니다.
매일 적어도 한 번은
아주 강렬한 순간을 가져야 한다.
-샐리 카리옷

종종 아이들과 아침식사를 하며 그날 할 일에 대한 생각에 빠질 때가 있다. 몸은 식탁에 앉아 아침을 먹고 있지만, 마음은 식탁에 있지 않은 셈이다. 그러다 현재의 순간에 주목해야 한다는 사실을 상기하면 '생각, 감각, 감정의 균형 잡기'를 길잡이 삼아 다시 식탁으로 돌아오면서 갑자기 밀려드는 아이들을 향한 사랑과 감사함을 느낄 수 있다. 아이들의 눈을 들여다보며 내 가슴을 채우는 따스함과 내 얼굴로 퍼지는 미소에 주목한다. 아이들은 나와 눈이 마주치는 그 순간 내가 자신들과 온전히 함께해주고 있음을 느끼고 있다. 그저 의도적으로 주의를 옮겼을 뿐인데 조금 전까지 평범하고 무덤덤하던 순간이 아이와의 유대감으로 충만한 기적 같은 순간으로 변하게 된다.

마음챙김 실천법

자신의 감정을 그대로 받아들이기

'생각, 감각, 감정의 균형 잡기'(29쪽)를 길잡이 삼아 매일 적어도 한 번은 기분 좋은 순간을 포착하기 위해 세심히 살핀다. 무덤덤하게 느껴져 그냥 놓치기 쉬운 순간에 있으면 현재의 생각과 감정에 주목하고 잠시 몸을 쭉 훑으며 두드러지게 느껴지는 감각이 없는지 살펴본다. 억지로 무언가를 하거나 특별한 느낌을 가지려 할 필요는 없다. 기분이 좋든 나쁘든 그저 무덤덤하든, 있는 그대로 자신의 감정을 최대한 받아들인다. 단지 주의를 기울이는 것으로 무덤덤한 상태에서 기분 좋은 상태로 기분을 바꿀 수는 없지만 종종 뜻밖의 반가운 결과로 기분이 바뀌기도 한다.

마음을 치유하는 베개 싸움

몸을 건강하게 유지하는 것은
나무와 구름을 비롯한 모든 것,
즉 전 우주에 대한 감사의 표시다.
-틱낫한

나는 아이들이 아침에 일어나자마자 TV를 보는 것을 그다지 좋게 보지 않는다. 나도 처음에는 TV를 보여달라는 아이들의 말에 마지못해 져준 경우가 있다. 아들이 책을 읽는 내 무릎에 올라앉아 TV를 보면서 내 품에 따뜻하게 안겨 있는 것이 너무도 행복했기 때문이다. 그 정도로 나에게는 그런 순간이 하루 중 가장 기분 좋은 순간에 꼽힌다. 부끄러운 이야기이지만, 솔직히 아이들이 품에 안겨 있는 것을 좋아하는 나는 나의 이기적인 즐거움을 위해 기꺼이 아들의 뇌에 좋지 않은 영향을 미칠 수 있는 TV 보기를 허락하기도 했다.

이런 양육 방식이 자기중심적으로 보일 수도 있지만, 내가 좋아하는 습관들 중에는 건강한 것들도 있다. 그중 하나가 일일 베개 싸움이다. 내 침실의 구닥다리 라디오로 빠른 음악을 빵빵 울리도록 틀어놓고 같이 베개를 던지고 춤을 추고 간지럽히는 시간이다. 말하자면 아이와 그냥 유치한 몸 놀이를 하는 것이다. 하지만 그 시간 동안 아이들과 나는 배꼽을 잡으며 웃고, 다른 데 한눈파는 일 없이 서로에게 온전히 함께 있어주는 그 순간을 즐기곤 한다. 우리의 베개 싸움은 아침의 양치질처럼 하나의 일과가 되었고, 때로는 저녁에 양치질을 하자마자 바로 베개 싸움을 시작하기도 한다.

간혹 아들이나 내가 화가 치밀어 오르는 것이 느껴지면, 나는 언제든 베개 싸움을 하자고 한다. 매번 느끼는 사실이지만, 신기하게도 음악, 춤, 놀이가 그 어떤 언짢은 기분도 순식간에 사라지게 해준다.

마음챙김 실천법

기분 전환을 위한 몸 놀이

가족 중 누구든 기분을 풀어야 할 필요가 있을 때는 (혹은 그럴 필요가 없더라도) 음악을 틀고 아무렇게나 막춤을 춰보자. 자신이 처한 상황 때문에 분노나 화가 부글부글 끓어오를 때 그런 감정이 얼마나 지속되게 할지는 오직 스스로의 선택에 달려 있다는 사실을 잊지 말자.

스스로 자신의 감정을 통제하는 것은 아이에게도 짜증이 날 때 그런 기분을 어떻게 털어내는지 보여주는 아주 좋은 방법이다. 자신의 감정을 추스르는 올바른 방법이 따로 있지는 않다. 그냥 재미있게 놀면서 안 좋은 기분을 떨쳐버리면 된다. 베개 싸움이 아니라도 감정을 추스를 수 있는 자신만의 몸 놀이를 생각해내는 것도 좋다. 디스코 음악에 맞춰 춤을 추고 있으면 계속 춤을 추면서 화를 내거나 짜증을 내는 것이 얼마나 힘든지 알게 될 것이다.

집안일을 하며
아이의 마음 읽기

사랑하는 마음으로 자애롭게 가르칠 수 없다면
아이에게 교훈을 가르칠 생각도 하지 말아라.
화를 내고 벌하는 것은 결코 사랑에 따른 행동이 아니다.
언제든 양쪽 모두 수용적이고 긍정적일 때
아이를 잘 가르칠 수 있다.
-로라 마컴 박사

농장 일과 집안일을 거들 일손을 얻기 위해 일부러 아이를 많이 낳아 대가족을 꾸리던 시절이 그리 오래전도 아니다. 그때에 비하면 지금은 아이들에게 일을 시키는 것에 대한 사고방식이 너무도 바뀌었지만, 과거의 노동관을 조금 되살려 아이들에게 일을 시키는 것도 가족 간의 유대감을 형성하는 데 도움이 된다.

집안일은 책임감, 끈기, 시간 관리, 반발심의 극복 방법 등을 가르친다는 점에서 아이들에게 도움이 된다. 자신이 맡고 있는 집안일 중에서 일부를 덜어내서 아이들에게 나이에 맞는 수준의 일을 맡겨보자. 이때 명심해야 할 것은 아이들에게 집안일의 요령을 가르치는 데는 무한한 인내심과 끈기가 필요하다는 점이다.

교육자이자 행동 전문가인 로널드 모리시Ronald Morrish의 조언에 따르면, 아이를 가르칠 때는 나이와 상관없이 작은 것부터 시작하고 곁에 있으면서 끈기 있게 끝까지 잘 가르쳐줘야 한다. 아이를 가르치려면 시간을 선행 투자해야 하지만 그것이 장기적으로는 시간을 절약해준다. 같이 일하는 사이에 아이와 유대감을 쌓을 기회도 생기는데, 특히 아이에게 집안일을 가르쳐주는 시간은 아이와 함께하는 더할 나위 없이 좋은 기회가 된다.

다행히 큰딸은 집안 잔일과 동생 돌보기를 기꺼이 돕는 편이다. 도와달라는 부탁에 때로는 불평을 할 때도 있는데 그럴 때면 어린 시절의 로라 잉걸스(자전적 소설 《초원의 집》으로 유명한 미국의 동화작가-옮긴이)를 생각해보게 한다. 잉걸스는 동이 트기도 전에 일어나서 농장의 허드렛일을 한 다음 3킬로미터도 넘는 거리의 학교에 다녀온 후에도 다시 집안일을 하고 동생을 돌보고 숙제도 하고 저녁 준비까지 거들곤 했다고 한다. 그러면 그 이야기 때문이든 자세한 얘기를 계속 듣는 것이 짜증나서 피하기 위해서든, 딸도 더는 저항하지 않는다. 딸아이도 내가 부탁하는 집안일을 해내는 편이 반항하는 것보다 마음이 편하기도 할 것이다. 할 일은 해야 하니까.

마음챙김 실천법

아이와 함께 집안일 해보기

아이들이 마치 어른처럼 집안일을 해내기를 기대해서는 안 된다. 아이가 한 일이 당신의 기준에 못 미칠 것 같아 안심이 안 된다면 '완벽함에 대한 집착을 내려놓기'(260쪽)를 실천해보자. 당신은 빨래를 개는 데 능숙할지 몰라도 아이들은 이제 막 배우는 중임을 잊지 말자.

6개월마다 뒤로 물러나 아이가 맡고 있는 집안일을 주의 깊게 지켜본다. 똑같은 일상에 파묻혀 있으면 잊어버리기 쉽지만, 아이들은 점점 자라고 성장하면서 더 많은 책임을 배우고 맡아 해 부모의 짐을 조금이나마 덜어줄 수 있다. 아이가 일을 도와주면 고맙다고 말해주며 덕분에 당신에게 정말 중요한 일에 쓸 시간이 생겼음을 강조해 이야기해주자. 이때 너와 더 많은 시간을 함께할 수 있어서 행복했다고 말해주는 것을 잊어서는 안 된다.

가장 바쁜 순간에 가장 먼저 해야 할 일

생각이 많아지면 용기는 줄어든다.
적당한 생각은 지혜를 주지만
과도한 생각은 나를 겁쟁이로 만들 뿐이다.
-에르빈 롬멜

하필이면 업무 때문에 급하게 이메일을 보내야 하거나, 해야 할 일들이 쌓여 있거나, 급한 약속 때문에 바로 옷을 갈아입고 나가야 해서 한순간도 여유가 없을 때 어린 아들이 칭얼대고 들러붙으며 당장 내 관심을 필요로 하는 경우가 있다. 그럴 때는 하던 일을 중단하고 아들에게 모든 관심을 쏟아준다는 것이 무리일 것만 같다. 하지만 역설적이게도 그런 순간에 아이에게 집중해주는 것이 아이는 물론이고 자신에게도 반드시 필요하다.

나는 그런 순간에 아들에게 관심을 쏟아줘야 한다는 것을 깨달았지만 그것을 실천한다는 것은 여전히 거북하고 어렵다. 한창 집중해서 일을 하면서 능률이 오르고 있는데 아이에게 방해를 받는 것이 달갑지 않은 것이 사실이다. 그러다 아들이 짜증을 내면 나의 첫 반응은 할 일 리스트에 더욱 더 연연하는 것이다. '지금은 안 돼. 일을 마쳐가는 중이라고! 엄마가 지금 한창 집중하고 있는데! 방해하면 안 되지!'라는 생각도 든다. 이쯤 되면 아이 또한 짜증의 수위를 끌어올려 내가 도저히 무시할 수 없어진다. 이때 잠깐 멈춰서 주의를 기울이고 마음챙김의 상태에 들어간다면 그 순간 필요한 것이 무엇인지 깨닫게 되고 '지금은 아들이 가능한 한 빨리 엄마의 관심을 독차지해야 하는 상황이야'라는 생각을 하게 된다.

하지만 내가 마음챙김 상태가 아니라면 몇 번이나 아들의 칭얼거림을 뿌리친 후에야 그런 깨달음을 얻을 수 있다. 이런 순간에 필요한 일은 내가 잠깐만 아들에게 관심을 가져주는 것뿐이다. 아이들을 보면 엄마에게 마음챙김이 필요한 때를 누구보다 먼저 알아보는 천부적 능력을 가지고 있는 것만 같다. 그래서 아이들의 현명한 조언을 귀담아 듣는 것이 가장 좋을 때가 있다. 그럴 땐 아이들이 어떻게 해서든 우리를 멈추게 만들려는 것이니 아이들의 신호에 주의를 기울여 아이들이나 엄마 모두가 감정적으로 폭발하지 않도록 하는 것이 좋다. 이런 신호를 놓쳐 결국 엄마와 아이 모두 정서적으로 파탄 상태가 되었을 경우엔 '이성을 잃고 폭주할 때의 실천법'(223쪽)을 참고하기 바란다.

마음챙김 실천법

정말 중요한 일이 무엇인지 생각하기

해도 해도 끝이 없는 할 일들을 모두 처리하느라 집중하고 있는데 아이가 방해를 하며 당신을 슬슬 돌아버리게 만드는 순간이 있다. 그럴 때는 단호하되 부드럽게 하던 일을 멈추고 한 걸음 물러서서 상황을 객관적으로 보자. 흔히 그렇듯 그러기가 힘들게 느껴지더라도 스스로에게 좀 더 너그러워지는 것이 좋다.

가능하다면 자신과 자신이 처한 상황을 제3자의 관점에서 살펴보자. 그리고 그 순간에 필요한 것이 무엇인지 조목조목 따져보자. 상황에 따라 바닥으로 내려가 아이와 함께 레고를 조립해야 할 수도 있고, 아이를 끌어당겨 무릎에 앉히고 잠깐 동안 꼭 안아주어야 할 수도 있다. 혹은 하던 일을 멈추고 십대 아이가 그날 있었던 중요한 일을 미주알고주알 털어놓는 것에 모든 관심을 기울여주는 것일 수도 있다. 이때 가장 중요한 점은 한눈을 팔지 않고 100퍼센트의 관심을 주는 것이다. 이렇게 말하는 나 또한 이 방법을 실천하는 것이 쉽지 않을 때가 많다.

다시 일로 돌아가라고 고개를 드는 감정에도 주의를 기울여보자. 아주 잠깐 호흡을 하며 그대로 있어보자. 그러면 대개는 마음챙김의 상태에서 좀 더 여유를 가지고 다시 일을 시작할 수 있다. 그리고 중요한 자신의 일로 돌아갈 기회를 준 아이에게 고마움을 느낄 수도 있다.

함께하는 간식 시간으로 아이가 보내는 신호를 읽는다

아이가 무엇이 결여되어 있는지를 보는 것이 아니라
아이에게 무엇이 있는지를 찾아내는 것이
부모의 역할이다.
-데럴드 트레퍼트

인정하기 싫지만 10여 년 전 딸이 처음 유치원에 들어갔을 때 나는 드라마에 나오는 다정한 엄마처럼 딸이 유치원에 갔다 오면 매일 갓 구운 따끈따끈한 초코칩 쿠키와 우유 같은 간식을 내주는 그런 엄마가 되길 꿈꿨다. 하지만 그런 꿈은 덧없는 환상으로 끝나 버렸다. 아이가 유치원에 간 첫날에는 정말로 내가 그런 엄마가 될 수 있으리라고 확신했고, 이후 10년 가까이 가끔씩은 그런 확신을 다시 갖게 될 때도 있었지만, 역시 나는 그런 엄마는 되지 못했다.

그런데 유치원에서 돌아온 아이에게 따뜻한 간식을 내주는 엄마의 매력은 무엇일까? 프릴 달린 앞치마와 언제 봐도 지나치도록 달콤한 미소를 짓는 그 모습을 벗겨내고 보면 결국 남는 것은 따뜻하고 옆에 있어주며 예측 가능한 엄마라는 느낌이다.

아침에 아이를 학교로 보내며 하는 '아이에게 힘이 되어주는 인사법'(79쪽)이 잠깐 멈춰 아이와의 유대를 확인하고 성찰하며 아이에게 부모의 사랑을 전하는 데 도움이 되듯이, 아이가 학교에 갔다 왔을 때 함께하는 시간을 갖는 것도 비슷한 기회가 되어준다. 방과 후 간식을 같이 먹는 일은 아이를 당신이 원하는 자리에 붙잡아두기에 좋은 이유가 된다. 엄마가 간식을 준비하는 동안 함께 주방에 있으며 서로 대화를 나눌 수도 있다.

아이와 함께 있으면 아이가 학교에서 하루를 어떻게 보냈는지 충분히 드러난다. 거짓말을 할 줄 모르는 초등학교 연령의 아이들은 대부분 자신의 감정을 솔직히 드러내는 편이다. 흥분되는 소식이 있으면 말하지 않고는 못 배기기 마련이다. 그래서 함께 간식을 먹는 순간은 보고 있으면 절로 마음이 훈훈해지는 아이의 흥분과 기쁨을 그때그때 바로 공유하기에 더없이 좋은 기회다. 반대로 유난히 힘든 하루를 보냈다면 아이는 눈물을 참기 힘들어서 묻지 않아도 알아서 무슨 일이 있었는지를 털어놓을지 모른다. 아이에게는 엄마가 옆에서 마음과 귀를 열고 기꺼이 들어주고 있다는 사실만으로도 힘든 하루를 견뎌내기에 충분할 때가 많다.

이제는 딸이 버스 정류장에서 집까지 이웃 친구들과 같이 걸어올 만큼 성장해서 더이상 딸이 버스 계단에서 껑충 뛰어내리며 내 품에 안기는 일은 없어졌다. 사실 요즘은 딸이 학교에 갔다 집에 오면 나는 글을 쓰는 데 너무 몰두해 있느라 딸이 온 것도 겨우 알 때도 있다. 딸이 학교에서 돌아오는 시간에 집에 있어주지 못할 때도 있고, 딸이 돌아올 때쯤 사무실에 나갈 준비를 하느라 정신이 없을 때도 있다. 그래도 딸이 돌아오는 시간에 맞춰 전화를 걸어주거나 사무실에 가기 전에 잠깐이라도 아이와 눈을 맞추며 이야기를 나누려 노력한다.

확실히 나는 하루도 빠짐없이 간식을 준비해주는 엄마는 아니지만, 나름대로 어느 정도 유연성을 발휘해 같이 먹고 같이 이야기를 나누며 아이와 함께 시간을 보낸다. 물론 딸이 털어놓을 얘기가 별로 없는 날도 있고, 털어놓고 얘기할 시간이 없는 날도 있다.

아이를 나름 잘 알고 있다고 자부하더라도 아이의 비언어적 신호를 읽는 데 능숙해져야 한다. 아이가 말로 직접 드러내고 있지는 않지만 아이의 걸음걸이, 얼굴 표정, 자세, 활기에서 읽어낼 수 있는 그런 신호가 있다. 사춘기에 접어든 아이들은 본능적으로 바로 자기 방으로 들어가는 방식으로 신호를 보내기도 한다. 방과 후 간식을 같이 먹는 것이 하나의 의식으로 자리 잡으면 잠깐이나마 그런 신호에 주목하며 판단을 내리고 유대를 쌓을 기회가 생긴다.

가끔은 그저 말없이 옆에 있어주어야 할 때도 있고, 기운나게 해주는 음악을 함께 듣는 것으로 충분할 때도 있다. 그렇게 하다 보면 아이들은 방과 후에 함께 간식을 먹는 것을 중요한 하루 일과로 받아들이게 될 것이다. 그리고 그 시간을 가장 편안하고 확실한 순간이라고 느끼게 될 것이다.

마음챙김 실천법

방과 후에 아이와 함께 간식 먹기

가능할 때마다 아이와 방과 후 간식을 같이 먹는 습관을 들여보자. 아이와 정서적으로 연결될 수 있는 소중한 시간을 내기 위해 일정에 여유를 두어야 한다. 우선 간단한 간식을 만든다. 가능하면 건강에 좋고 영양가 있는 간식을 준비하되, 필요하면 자극적인 음식도 괜찮다. 아이가 엄마와 함께하는 간식에 마음이 끌리도록 하기 위해서는 가급적 아이들이 좋아하는 음식을 준비하는 것도 하나의 방법이 될 수 있다. 음식은 의욕을 자극하는 데 아주 유용할 수 있고, 특히 십대에게는 이 방법이 더 잘 통한다.

방과 후 함께 간식을 먹는 것은 대화를 자연스럽게 이어가는 데도 이상적인 방법이다. 아이가 어리다면 대화를 나누기 힘들 수도 있지만 아무리 어려도 '오늘 학교에서 어땠어?'라는 물음에 단답형의 대답은 할 줄 안다. 이렇게 단답형 대답을 할 줄 아는 경우라면 다음과 같이 더 열린 질문도 해보자. '오늘 놀라웠던 일 좀 얘기해줘. 점심 먹을 때 누구랑 같이 앉았어? 오늘 힘들게 느꼈던 일이 있으면 엄마한테 말해 봐.' 최대한 대화와 질문을 자연스럽게 주고받되, 아이에게 겉치레식 질문을 퍼부어서는 안 된다. 그런 질문 공격은 아이를 부모에게서 도망치게 만들어버린다.

이때는 억지로 대화를 유도해서는 안 되고 그저 대화가 이어질 만한 분위기를 조성하는 정도면 된다. 아이가 나이를 먹으면서 예전엔 자연스럽게 나오던 솔직한 대화를 나누기도 점점 더 어려워지고 그런 기회도 줄어드는 것이 보통이다. 특히 십대 아이들의 경우엔 가능할 때마다 자신의 일정이 아닌 아이의 일정에 맞춰 마음을 열고 귀 기울여줘야 한다. 이런 방과 후 의식을 만들어놓으면 아이는 자신에게 대화가 필요한 순간에 당신이 옆에 있어주리라는 것을, 그것도 그냥 몸만 옆에 있는 게 아니라 진정으로 함께 해주리라는 것을 마음 깊이 기대하고 확신하게 된다.

여러 가지 사정 때문에 매일 아이와 함께 간식 시간을 가질 수 없다면 일주일에 적어도 하루는 아이와 유대감을 나눌 수 있는 시간을 내는 것이 좋다. 필요하다면 가족이 함께 모여 그런 시간을 가질 수도 있다.

나의 친한 친구이자 워킹맘인 타라는 매주 금요일 오후에 이런 마음챙김 실천법을 실행하고 있다. 타라가 저녁을 준비하기 전에 간단하게 포도, 치즈, 크래커를 펼쳐놓으면 십대 초반과 후반인 두 아이가 주방의 식탁에 앉아 함께 잡담을 나누며 간단하게 서로의 안부를 묻는다. 때로는 10분 만에 아이들이 각자의 방으로 들어가는 날도 있지만, 대개는 타라가 저녁 준비를 시작할 때까지도 주방 근처에서 떠나지 않는다. 타라가 나에게 직접 말해주었듯, 간단하지만 기다려지는 이 주중 일과가 자칫 놓쳤을지도 모를 대화의 문을 열어준 적이 많았다고 한다. "아이들은 평상시에는 퇴근 후에 바쁘게 집 안을 돌아다니는 내 모습을 보게 되지만, 이 시간은 모든 일을 중단하고 우리가 서로를 위해 100퍼센트 온전히 옆에 있어주는 시간이라는 걸 알아요. 아이들도 제 모든 관심을 받고 저도 아이들의 모든 관심을 받는 그런 시간이라는 걸요." 이렇듯 꼭 앞치마나 갓 구운 쿠키가 없어도 된다.

공부, 아이와 엄마가 마주친 최대 난관

아이를 키우다 보면 기쁨을 안겨줄 때도 있고
게릴라전을 치르는 것 같을 때도 있다.
-에드 애스너

아이의 숙제나 공부를 봐줘야 할 때 어떤 생각과 느낌이 드는가? 몸서리가 쳐지고 소름이 돋으며 고통스러운 느낌과 함께 호흡이 짧아지는가? 사람에 따라 긍정적 느낌도 부정적 느낌도 없이 차분한 반응이 나타나기도 한다. 아이의 숙제를 봐주면서 아이와 즐거운 기억을 공유하는 데 기쁨을 느낄 수도 있다. 이처럼 모든 엄마들은 '공부'라는 말에 천차만별의 반응을 보이는데, 대체로 자녀 중 어떤 아이가 떠오르고 현재 양육의 어느 단계에 있느냐에 따라 그런 반응에 차이가 나타난다.

아이들의 학업은 아이의 개성, 나이, 의욕의 정도, 자립성뿐만 아니라 숙제 습관과 그 습관과 연계된 감정들이 지속된 기간 등 여러 다양한 요소에 따라 엄마들이 마주하는 가장 크고 만만치 않은 난관이 되기도 한다. 아직 직면하진 않았더라도 눈 깜박할 사이에 다가올 이 무시무시한 세계를 정면으로 마주하게 된다면 이번 마음챙김 실천법을 활용해보는 것이 도움이 될 것이다.

엄마들이 어떤 상황을 대하는 태도는, 특히 그 상황이 불안으로 가득했던 과거의 내력과 얽혀 있을 때 엄마와 아이 사이의 상호작용에 영향을 미칠 수 있다. 엄마의 태도나 엄마가 아이와 함께 있어주는 일은 방해가 될 수도 도움이 될 수도 있지만, 그것이 미치는 영향은 제한적이다. 아이마다 타고난 성격이 천차만별이며 그런 성격에 대해 엄마의 통제력은 그리 크지 않다.

아이의 숙제나 공부를 돌봐주는 것에서 어려움을 느끼지 않고 심지어 즐거운 일과로 여기는 이들도 있다. 이런 경우에 속한다면 스스로를 운이 좋은 사람이라고 여기며 그 운이 지속되는 동안 즐겨보자. 공부를 좋아하는 아이라도 언젠가는 공부를 해나가는 중에 어떤 형태로든 좌절이나 역경에 부딪히기 마련이다. 그러니 혹시라도 그런 일이 일어나 아이들의 학업이라는 정답이 없는 세계에 들어서게 되면 다음의 마음챙김 실천법이 길잡이가 되어줄 것이다.

마음챙김 실천법

아이의 자립성을 키워주기

아이들의 공부 시간에 자신에게 나타나는 첫 반응이 무엇인지 생각해보자. 아이들의 공부나 숙제를 돌봐주며 불안이나 걱정, 두려움이 느껴진다면, 매일 공부나 숙제를 시작하기 전에 먼저 마음을 가라앉히는 것이 좋다.

엄마들에 따라서는 아이들이 공부를 해나가며 아이들의 학업 세계가 어떻게 전개될지 예측 불가능하다는 점 때문에 더 미묘한 두려움을 느끼는 사람도 있다. 가끔씩 주로 특정 과제나 과목 때문에 예기치 못한 난관에 부딪힐 수도 있다. 그런 상황이 미처 인식하지 못하는 사이에 지속적인 초조함을 일으키기도 한다.

따라서 우선은 현재 자신이 느끼는 경험에 주목해, 필요하다면 마음을 가라앉혀야 한다. 어떤 아이에게는 효과가 있는 방법이 다른 아이에게는 역효과를 일으킬 소지도 있으니 아이에게 가장 좋은 접근법이 무엇인지 스스로에게 물어보자. 이 과정은 시행착오의 연속인 경우가 많다. 그러고 난 다음엔 아이가 스스로 주도적으로 공부나 숙제를 할 수 있도록 옆으로 비켜나 지켜봐주자. 혼자서 잘할 수 있을지 미심쩍을 땐 최소한으로 참견하되 필요할 때만 나서서 도와주어야 한다. 아이가 쩔쩔매고 있으면 지켜보기가 괴롭겠지만 성급하게 끼어들어선 안 된다. 아이가 호흡으로 마음을 가라앉히고 잠깐 스트레칭이나 음악 듣기로 기분전환을 할 수 있도록 해주는 것도 도움이 될 수 있다. 그리고 아이가 매일 계속해서 쩔쩔매면 외부의 도움을 받는 것도 좋은 방법이다.

아이가 자신에게 도움이 되는 건전한 공부 습관을 들이게 해주자. 미덥지 않더라도 아이 스스로 알아서 해낼 수 있도록 지켜보자. 아이가 스스로 선택한 방식이 바람직한 결과를 내지 않는다면 엄마가 자신의 체계를 강요해야 할 수도 있다. 최대한 아이가 의견을 내놓게 하고 때로는 함께 해결책을 의논해보자. 아이의 성장에 맞춰 그때그때 아이의 참여 정도를 재평가하며 자립성을 키워주는 것이 좋다.

무엇보다 중요한 일은 꾸준히 마음을 챙기며 아이들의 공부 시간에 자신에게 일어나는 미묘한 신체 감각, 감정, 생각에 주의를 기울이는 것이다. 호흡을 이어가며 긴장된 근육을 풀고 아이를 키우면서 마주칠 수밖에 없는 이 보편적 난관을 헤쳐나가기 위해 스스로에게 연민도 가져주자.

실패를 통해 배운다는 것

명상은 망가진 것을 고치는 일이 아니다.
아무것도 망가지지 않았다는 사실을 깨닫는 일이다.
–존 카밧 진

아이들이 하는 스포츠 경기에서 무례하게 굴며 그 경기에서 자기 아이의 역할을 너무 심각하게 받아들이는 부모들의 모습을 보면 눈살이 찌푸려지곤 한다. 아이들이 축구 시합을 하는 경기장 밖에서 서성이며 자식을 통해 대리만족을 하려는 고리타분한 부모가 되고 싶은 사람은 아무도 없겠지만, 솔직히 말해 나는 그런 부모의 심리를 이해한다.

자신의 아이가 운동이나 음악, 예술이나 학자로서의 재능을 발휘하는 모습을 보고도 아무 감응도 없다고 말한다면 그것은 거짓말일 것이다. 겉으로는 무관심하게 보이려 애써도 마음으로는 아이의 재능에 신경을 쓰고 있다. 이렇게 마음이 쓰이는 이유는 아이의 재능을 중요하게 여기기 때문이기도 하지만, 자신의 재능에 대해 어떻게 느끼고 생각하는지가 그 재능을 펼치는 데 중요한 역할을 하기 때문이다. 또한 아이가 커갈수록 치열해지는 경쟁과 늘어나는 미래에 대한 위험 부담 역시 당연히 신경 쓰일 것이다.

부모들은 대부분 자신의 아이를 아주 잘 알고 있는데, 때로는 이 점이 축복이 될 수도, 저주가 될 수도 있다. 아이의 몸짓과 표정을 읽으면서 이런저런 감정을 느끼고, 아이가 잘하거나 못하는 모습을 지켜보며 아이가 어떤 심정에 있을지 생각하기도 한다. 아이 때문에 초조해하고 아이 때문에 큰 기쁨을 느끼고 아이 때문에 자랑스러움을 느낀다. 하지만 바로 이럴 때가 가장 조심해야 할 때다. 그런 감정에 휘말리기 쉽기 때문이다. 대부분의 엄마들은 극성스러운 부모의 상투적 행동을 하지 않을 만큼 충분한 자제력을 가지고 있지만, 극성스러운 부모와 비슷한 생각, 신체 감각, 감정을 겪는 경우도 많다.

우리는 아이가 자신의 재능을 펼치기 위해 노력을 하는 것 자체가 얼마나 용감한 일인지 잘 알고 있다. 무엇이든 재능을 발휘할 때는 상처받기 쉬워진다. 자기 자신이나 부모 또는 남들로부터의 비판과 평가에 노출되기 때문이다. 얼마나 재능이 있는지를 떠나 선의를 가진 코치들이나 교사와 다른 부모들로부터 비판을 받게 되는데, 대개는 다른 부모들의 비난이 가장 혹독하다. 아이가 초조해하는 걸 느끼고 아이가 집중하는 모습을 지켜보는 중에 다른 부모들이 자신의 아이를 놓고 이러쿵저러쿵 지적을 하거나, 자기 아이에게 소리를 지르면 가만히 앉아 보고만 있기는 쉽지 않다.

나 역시 다르지 않다. 내 아이가 자신의 재능을 잘 발휘하길 기대하며 숨을 죽이고, 뱃속이 조여오고, 어깨가 올라가고, 턱에 힘이 들어가고, 심박동이 빨라지고, 더 얕은 숨이 쉬어지는 등의 반응이 나타난다. 아이가 재능을 펼치는 모습을 보고 난 후에야 내 근육이 얼마나 팽팽하게 긴장되어 있었는지 깨닫게 된다. 그래서 첫 심호흡을 할 때 내가 숨을 얼마나 얕게 쉬고 있었는지도 느끼게 된다. 물론 언제나 그렇게 불편한 반응만 일어나는 건 아니다. 아이가 재능을 펼치는 모습을 보며 더할 나위 없이 즐거워하기도 한다. 자랑스러움에 심장이 부풀고, 얼굴에 함박웃음이 지어지고, 눈물을 글썽이고, 느긋하고 깊은 숨을 쉬면서 가슴이 따뜻해지는 느낌이 들 때도 있다.

우리는 실수나 실패가 실제로는 아이들을 위한 인생의 교훈이 될 수도 있다는 사실을 머리로는 알고 있지만, 지금은 그런 실수나 실패가 일어나지 않길 어쩔 수 없이 빌게 된다. '이번엔 안 돼, 아이가 실패를 겪어야 한다면 제발 다음번에 겪게 할 수는 없을까?'라는 생각도 든다. 이처럼 아이가 있는 사람이라면 아이가 어떤 식으로든 재능을 펼치거나 평가를 받을 때 불안이나 긴장감, 초조함을 느끼지 않을 수가 없다. 이는 인간의 기본적인 본성일 뿐이다. 그것이 인간의 기본적 본성인데 어쩌겠는가?

엄마가 겉으로 침착하고 태연한 태도를 유지하더라도 아이들은 엄마가 느끼는 불안과 긴장을 쉽게 감지할 수 있다. 그러니 아이에게 불안과 긴장을 감추려 애쓰느라 우리의 귀한 에너지를 소모하기보다 다음의 마음챙김 실천법으로 마음을 가라앉혀보자. 자신의 생각, 감정, 신체 감각을 더 의식할수록 자신의 반응에 더 주의를 기울일 수 있다.

마음챙김 실천법

실패를 통해 배우는 법

아이가 재능을 펼치는 모습을 지켜보면서 자신의 호흡을 의식한다. 이런 순간엔 대개 초조함이나 흥분을 느껴 숨을 참거나 얕은 숨을 쉬게 된다. '생각, 감정, 감각의 균형 잡기'에서 언급했던 신체 감각, 감정, 생각에 주의를 기울인다. 지금 자신의 몸에 어떤 감각이 느껴지는가? 어깨가 올라가 있는가? 긴장으로 얼굴을 찡그리고 있지는 않은가? 몸의 어느 부분에서 긴장이 느껴지는가? 그 긴장된 부위의 근육을 이완시켜본다. 얕은 호흡을 쉬고 있다면 몇 번 숨을 크게 들이쉬었다 내쉬어보자.

어떤 생각이 드는가? 혹시 아이의 문제점을 살피고 있는가? 아이가 무슨 생각을 하고 있을지 상상해보고 있는가? 자신의 눈앞에서 펼쳐지고 있는 아이의 재능에 최대한 주의를 기울이며, 객관적인 시각으로 아이의 재능을 관찰해보자. 그리고 열린 마음으로 아이가 자신의 재능을 발휘하는 모습을 지켜보자. 현재의 감정은 어떤 상태에 있는지 살펴보자.

자기 내면의 상태를 의식해보자. 자신의 내면이 어떤 상태에 있든 그 내면의 상태를 스스로에게 상기시키면 소중한 교훈을 얻을 수 있을 뿐만 아니라 견디기 힘든 좌절과 실패가 건전하고 유익한 경험이 되기도 한다. 뒤로 물러나 균형잡힌 시각으로 보자. 지금 이 순간엔 중요하게 느껴지는 일이 1년 후에는 중요하지 않을 수 있다는 사실을 깨달을 수도 있다. 1년 후에도 정말 중요할 것 같이 여겨진다면 다시 호흡으로 돌아가자. 많은 엄마들이 아이들에게 말하듯이, 지금의 실패나 실수로 세상이 끝나지는 않는다. 끝은커녕 아이의 남은 삶의 시작일 뿐이다.

내 아이에게 찾아온 사춘기 극복하기

아이들은 당신 자신에 대해 알게 해준다.
당신이 깊은 연민을 가질 수 있는 사람임을 알려주는 한편,
엄마가 되기 전에 스스로에게 품었던 환상처럼
관대하고 침착하고 유능하고 명확한 생각을 할 줄 아는
아주 성숙한 사람이 결코 아님도 알게 해준다.
-해리엇 러너

당신은 아이가 생기기 전에 자신이 어떤 엄마가 될 것 같았는가? 침착한 엄마? 자애로운 엄마? 한결같은 엄마? 재미있는 엄마? 평정심 있는 엄마? 물론 아주 특별한 상황에서는 이처럼 좋은 모습을 모두 보여줄 수 있을지 모른다. 하지만 아무리 자신의 아이를 사랑한다고 해도 아이들을 키우면서 이상적인 엄마의 모습만 보여줄 수는 없다. 솔직히 나는 영화 〈사운드 오브 뮤직〉에 나오는 가정교

사 마리아처럼 우리의 하루하루가 기쁨에 차서 달콤하게 이어지리라고 생각할 만큼 순진한 사람은 아니다. 하지만 내가 광기 어린 눈을 한 영화 〈샤이닝〉 속의 살인마 잭 니콜슨처럼 변한 기분이 들면 내 자질이 이 정도밖에 안 되나 싶어 새삼 놀라게 된다. 그러다 딸이 십대로 접어들면서 내 엄마로서의 자질에 더욱 흥미를 갖게 되었다.

실생활에서 느끼는 스트레스와 책임, 허상이 아닌 진짜의 성격들에 부닥치는 현실 세계를 살아가면서 이상적인 엄마의 모습만을 보이며 양육을 한다는 건 불가능하다. 더욱이 아이가 십대로 접어들면 새로운 난관에 부딪히게 된다. 이른바 '중2병' 같이 내 아이가 십대 특유의 반항적인 모습을 보이는 낯선 상황에 직면하게 되는 것이다.

사랑하는 내 딸도 얼마 전에 사춘기에 들어섰다. 이 말에 십대 후반의 자녀를 둔 엄마들이 '이제 눈앞이 캄캄한 일만 남았네'라는 생각을 하리라는 것은 안 들어도 알 것 같다. 맞는 말이라는 것을 알지만 때로는 눈앞에 닥친 현실을 부정하는 것이 좋을 때도 있다고 스스로를 위로하고 싶은 마음도 든다. 그래서 딸아이가 별 악의 없이 던진 질문에 짜증을 내며 지긋지긋하다는 표정으로 바락바락 대드는 모습을 보면 새삼 놀라게 된다. 그런 순간이면 나는 딸의 눈빛이 평소처럼 부드러워지고 딸의 표정이 예전의 귀여운 표정으로 돌아올 수 있도록 아주 살짝만 전기 충격을 주면 어떨까 하는 장난스러운 생각을 하곤 한다.

이런 반응을 보이는 것이 자랑스러운 일은 아니지만 유머를 가지고 상황을 바라보면 약간의 거리를 두고 객관적으로 딸과의 관계를 생각하게 되면서 조금은 마음이 누그러진다. '멈추고Stop 호흡을 하고Take a breath 지켜보고Observe 하던 일을 계속 한다Proceed'는 'STOP 마음챙김 실천법'을 끌어내는 것도 냉정을 완전히 잃지 않는 데 도움이 된다.

'STOP 마음챙김 실천법'이 십대들에게서 일반적으로 나타나는 까칠한 태도를 뿌리째 뽑아주지는 않는다. 하지만 아이들의 불편한 태도 앞에서도 스스로의 통제력을 지키게 해준다. 감정에 휩싸여 이성을 잃은 채 분명한 생각 없이 반응한다면 아이들과의 관계를 원만하게 유지하기 어려워진다. 십대의 건방진 말대꾸를 얼마나 참아주고 어디까지 한계선을 그을지는 각자가 결정할 일이다. 하지만 격하게 치달을 만한 상황을 잘 다루려면 먼저 스스로를 다잡아야 한다.

아이에게 십대 특유의 그 까칠함이 나타나는 순간이면 나는 일단 멈춰서 심호흡을 하며 나의 신체 감각을 체크한다. 그러고 나면 마음이 가라앉으며 최대한 차분한 목소리로 딸에게 말투를 조심하라고 주의를 주는 것이 훨씬 수월해진다. 그다음 상황이 어떻게 전개될지는 여러 요소에 따라 그때그때 달라지지만 한편으론 어느 정도 기준을 가지고 그 기준에 따라 행동할 수 있게 된다.

마음챙김 실천법

STOP 마음챙김 실천법

십내 자녀가 까칠한 태도를 보이더라도 자제력을 지키려 애써보자. 그런 다음 하던 일을 모두 멈추고 몇 번 심호흡을 한다. 몸에서 일어나고 있는 감각에 주목한다. 턱에 힘이 들어가 있는지, 심박동이 빨라졌는지, 호흡이 가빠졌는지 쭉 살펴본다. 화가 나서 긴장된 근육은 없는지도 살핀다.

지금은 생각이 자꾸만 그 문제를 해결하라고 자신을 채근하기 십상이다. 바로 이때 'STOP 마음챙김 실천법'이 마음을 가라앉혀 최상의 해결책을 찾는 데 도움이 되어준다. 필요하다면 멈췄던 반응을 이어가도 될 만큼 차분해지는 것이 느껴질 때까지 멈춰서, 숨을 쉬고, 자신의 감각을 살펴보는 3단계를 반복한다. 일단 멈춰서 심호흡을 하고 지켜보다 반응을 이어가자. 부디 'STOP 마음챙김 실천법'에 힘입어 우리가 한때 마음속에 그렸던 그 자애로운 엄마의 모습에 조금 더 가까이 머물러 있길.

여유로운 저녁식사에서 대화의 싹이 튼다

마음챙김은 어려운 것이 아니다.
우리가 그것을 하기로 마음 먹으면 된다.
-샤론 샐즈버그

《부모로 산다는 것All Joy and No Fun》의 저자 제니퍼 시니어Jennifer Senior는 TED 강연에서 매튜 킬링스워스Matthew Killingsworth 박사의 다음 말을 인용한 바 있다. "친구들과의 소통이 배우자와의 소통보다 낫고, 배우자와의 소통이 다른 일가친척들과의 소통보다 낫고, 다른 일가친척들과의 소통이 지인들과의 소통보다 낫고, 지인들과의 소통이 부모와의 소통보다 낫고, 부모와의 소통이 자식과의 소통보다 낫다고 하네요. 자식이 모르는 사람들과 동급이라는 얘기죠."

정말 인상적인 발언이다. 사실 연구 결과를 개괄적으로 요약한

이 말은 사람에 따라 공감할 수도, 공감하지 않을 수도 있다. 하지만 내 경우엔 이 말에 선뜻 공감되는 경우들이 있다. 그중 하나가 아이들과 저녁식사를 할 때다. 킬링스워스 박사의 말에 정말로 공감하는 사람이라면 매일 밤 결코 소통할 수 없을 것만 같은 자녀들과의 저녁식사가 때로 심한 소화불량의 원인이 될 수도 있다. 하지만 다행히 몇 가지 간단한 습관을 들이면 매일 소화불량으로 쓰린 가슴을 부여잡을 일을 최소한으로 줄일 수 있다.

가장 먼저 할 중요한 일은 일주일치 식단 계획을 미리 세워두는 것이다. 이처럼 식단을 미리 짜두는 것이 생활화되어 있지 않다면 몇 주간 이 방법을 실천해보며 이전과의 차이에 주목해보자. 미리 저녁식사 메뉴를 정해놓으면 식재료들을 바로 쓸 수 있게 챙겨놓을 수 있기 때문에 저녁 준비 때문에 마음이 분주해질 일이 없다. 우리 집에서는 남편이 주로 요리를 맡고 있고, 매주 일요일에 잠깐 시간을 내 같이 앉아 커피를 마시며 다음 주의 식단을 짠다. 미리 식단을 짜둔 주와 그때그때 닥쳐서 음식을 준비하는 주는 그 차이가 확연하다. 미리 짜둔 식단이 없으면 밥 먹을 때가 다 되어서야 허둥지둥 식사 준비를 하게 될 뿐만 아니라 필요한 재료를 사기 위해 정신없이 마트에 다녀오느라 괜한 힘을 빼기도 한다. 더군다나 더 자주 포장음식을 사다 먹어 돈은 돈대로 들고 건강에도 좋지 않다.

또 한 가지 유념해야 할 점은 최대한 즐겁고 느긋한 가족 식사가 될 만한 분위기를 조성하되, 부모가 가지고 있는 식사 규칙에 지나치게 얽매여서는 안 된다는 것이다. 당신의 양육 스타일에 따라 기대하는 저녁식사의 모습이 격식을 갖춘 식사에서부터 요란하고 무질서한 식사에 이르기까지 다양할 수 있다. 십대 딸이 어린아이였을 때의 우리의 기대는 그 중간쯤에 맞춰져 있었다. 그래서 딸에게 잠깐 동안 식탁에 바른 자세로 앉아 어느 정도 식사 예절을 지키며 식사하도록 가르쳤다. 딸아이를 키운 10년의 육아 경험으로 미루어볼 때, 사내아이의 경우에는 발산하는 에너지와 집중할 수 있는 시간이 여자아이와 다르기 때문에 식사 예절의 기준을 훨씬 느슨하게 해주었다.

나는 두 살 때 식탁에 얌전히 앉아 있는 시간이 6분을 넘기지 못했던 딸이 십대가 되어서까지 저녁식사 자리에서 부산을 떨진 않는다는 걸 알게 되었다. 확실히 딸은 이제 다른 사람의 기분을 상하게 하는 일 없이 기분 좋고 예의 바르게 저녁을 먹을 줄 안다. 나는 이 점을 염두에 두고, 어린 아들이 밥을 먹다 일어나 거실을 몇 바퀴 뛰어다니다 몇 입 더 먹으려고 다시 식탁에 와서 앉아도 그냥 내버려둔다. 열네 살이 되어서도 그렇게 행동하지는 않을 거라고 기대하기 때문이다.

우리는 어린 아들이 식사를 하면서 자리에 앉아 있는 시간이 고작 3분이라는 사실을 잘 알고 있다. 그래서 식사를 시작할 때 서로 안부부터 물을 때가 많다. 대화가 자연스럽게 이어지면 그날의 좋았던 일과 안 좋았던 일을 돌아가며 이야기하고, 아직 학교에 다니지 않는 꼬맹이까지 이런 대화에 선뜻 끼어들기도 한다. 그러면 아들이 쪼르르 식탁으로 다가왔다가 다시 여기저기 돌아다니는 중에 이따금씩 대화에 끼어들어 남편과 딸과 내가 대화를 길게 더 이어갈 얘깃거리를 만들어주기도 한다.

다행히 저녁식사 시간의 이런 어수선함은 세월이 흐르면서 서서히 차분해진다. 아이들이 자라서 철이 들기 시작하면 더 오랜 시간 동안 이야기를 나누며 소통을 하려 하기 때문이다. 딸이 십대가 된 지금은 저녁을 먹을 때면 딸, 남편과 한자리에 앉아 통찰력 있고 흥미로운 대화를 나누길 기대하고, 실제로도 그런 대화를 즐기고 있다. 딸이 들려주는 그날 하루의 생활, 사려 깊은 의견, 그 순간에 빠져 있는 이런저런 관심사를 듣고 있으면 즐겁다. 10년 사이에 이렇게나 달라지다니 정말 감회가 새롭다.

마음챙김 실천법

식사와 함께하는 마음챙김

최대한 마음챙김의 상태에서 가족끼리 저녁을 먹을 만한 상황을 마련해둔다. 주간 식단을 미리 짜두어 급하게 저녁거리를 정하느라 스트레스 받을 일이 없게 한다. 아이의 나이나 당신이 생각하는 타당한 기준에 따라 아이별로 일어나지 않고 진득히 앉아 있어주었으면 하는 시간 등 몇 가지 간단한 기본원칙을 정해두고 중간에 대화가 끊기지 않도록 분위기를 잡아주는 것도 좋은 방법이다.

촛불을 켜놓고 다 같이 심호흡을 하거나, 잠깐 기도를 하거나, 잠시 말없이 있어 보거나, 감사를 표하는 시간을 가져보는 것도 도움이 된다. 가족들에게 마음챙김 상태에서 음식을 한 입 먹으며 시각, 후각, 미각에 주의를 기울이는 방법을 가르쳐줄 수도 있다. 가끔씩 자신과 가족들이 잠깐 멈춰서 깊은 숨을 들이쉬고 마음을 가라앉히며 마음을 챙겨 계속 음식 자체에 집중하도록 조심스럽게 상기시켜주자. 모든 의식을 집중해 마지막 한 입을 음미하는 것도 유용할 수 있다. 저녁식사 내내 아직 다가오지 않은 그 마지막 한 입을 떠올리며 마음챙김의 상태를 유지하는 데 도움이 되기 때문이다.

원한다면 돌아가며 그날의 좋았던 일과 안 좋았던 일을 이야기하며 가족 한 사람 한 사람에게 온전히 주의를 기울여보자. 무엇보다 중요한 일은 가족 모두가 모여 흠 없이 완벽한 저녁식사 시간을 갖길 바라는 비현실적인 기대를 내려놓는 것이다. 완벽함은 존재하지 않으며 안 되는 걸 억지로 기대해봐야 오히려 역효과만 낳을 뿐이다. 지금 아이가 한창 소동을 피워대며 밥을 먹는 단계에 있다면 저녁식사 시간마다 영원히 그런 아수라장이 연출되진 않으리라는 사실에서 위안을 얻길 바란다. 부디 즐거운 식사가 되길.

의좋은 형제자매로 키우기 위해서는

마음챙김은 시간을 내어준다.
시간은 선택지를 내어준다.
지혜로운 선택은 자유로 이끌어준다.
꼭 감정에 휩쓸릴 필요는 없다.
습관과 즉흥적 반응보다는
지혜와 다정함으로 반응하는 것이 좋다.
-반테 헤네폴라 구나라타나

자녀들의 나이가 어느 정도 되든 그 나이대의 장점과 단점이 있기 마련이다. 열 살 터울의 남매를 둔 우리 가족에게 단점이라면 두 아이 모두에게 잘 맞는 가족 활동거리 찾기, 나에게 두 번째로 닥친 기저귀 갈이와 수면 부족에 따른 정신적 타격, 두 아이가 항상 위치도 시작 시간도 끝나는 시간도 다른 두 학교에 다니는 상황에 따른

세세한 문제 정도다.

반면 열 살 차이의 아이들을 키우면서 내가 얻는 장점은 셀 수 없이 많다. 멀리서 찾을 필요 없이 집 안에 (대부분의 경우) 기꺼이 아이를 봐주는 베이비시터가 있고, 지난 10년 동안 힘들게 얻은 육아의 지혜가 어느 정도 쌓여 있으며, 시간이 얼마나 빨리 지나가는지를 눈앞에서 목격하면서 잠시 멈춰 그 순간을 마음껏 즐기는 것을 잊지 않게 되었다.

어떤 사람들은 나이 차이가 이렇게 크면 두 아이 사이의 전형적인 형제자매 간 다툼이 없을 것 같아 그것도 장점이라고 생각할지 모른다. 하지만 천만의 말씀이다. 우리 집의 열네 살짜리 아이는 나이에 비해 철이 들고 자제심이 있는 편인데도 둘이 서로에게 화를 참지 못하는 지경까지 치달으면 열네 살짜리와 네 살짜리가 순식간에 걸음마쟁이로 돌변하기 일쑤다. 아들이 누나에게 악에 받쳐 고함을 지르면 딸은 동생을 숨도 못 쉬게 꼭 끌어안는다. 그러곤 나이 많은 티를 내며 대꾸한다. "좋아! 내가 너랑 놀아주나 봐라!" 그리고는 마치 벌떼의 공격이라도 받은 것처럼 둘이 손과 팔을 마구 휘저어대며 서로를 때리기 시작한다. 그 뒤는 말 안 해도 알겠지만, 으레 그러듯 우는 소리가 들려온다. "얘가 먼저 때렸어요!"

나는 그래도 될 만한 상황일 땐 슬슬 걸어서 (혹은 후다닥 뛰어서) 그 자리를 피해 둘이 알아서 그 순간의 위기를 넘기도록 내버려둔다. 지금까지는 그렇게 두어도 두 아이 모두 크게 다친 적이 없다. 내가 지켜보며 알게 된 것은 내가 가까이에 있을 때는 둘이 순식간에 돌변해 티격태격 싸우지만, 내가 보이지 않으면 금세 사이가 좋아져 얘기하고 웃고 놀고 끌어안곤 한다는 사실이다. 덕분에 남편과 나는 아이들 걱정 없이 밤 데이트를 즐길 수 있어서 안심이 되긴 하지만, 우리가 집에 돌아오자마자 두 녀석은 다시 싸움꾼들로 돌아온다. 내가 아이들의 싸움을 자기들끼리 알아서 해결하게 놔두는 것은 두 아이에게 그럴 능력이 있다는 것을 알기 때문이기도 하고, 그것이 두 아이의 (그리고 나의) 건강을 위해 좋기 때문이기도 하다.

하지만 운전을 하고 있는데 둘이 차 안에서 티격태격 다투는 경우처럼 꼼짝없이 같이 매어 있어 자리를 피할 수 없을 때가 있다. 그럴 때는 더 진지한 대처 기술이 필요하다. 내 나름대로 터득한 대처 요령은 (몇 번 숨을 깊이 들이쉰 후에) 형제자매 간의 불화를 견디게 방어해줄 커다란 투명 풍선 안에 들어가 있다고 상상하는 것이다. 이 투명한 풍선 안에 있으면 다툼이 도를 넘어서지 않는지 지켜볼 수는 있지만, 듣기 싫고 짜증나는 그 말다툼 소리는 차단할 수 있다. 물론 이 방법이 언제나 효과가 있는 건 아니어서 풍선을 터뜨리고 나와 두 아이의 다툼에 개입해야 할 때도 있다. 그래도 이 풍선은 최소한 그 짜증스러운 말다툼이 아닌 다른 뭔가에 집중하게 해준다. 또 이상적인 경우엔 기분 좋은 이 상상 속 풍선 안에서 어느 정도 평온함을 찾을 수도 있다. 그 안은 (역시 상상 속의) 새들의 기분 좋은 지저귐 외에는 어떤 소리도 들리지 않는다. 그렇게 잠시 아이들이 다투는 소리가 들리지 않는다고 생각하고 있으면 얼굴의 긴장이 풀리며 느긋한 미소가 지어진다. 그 거품을 뚫고 어느 정도 소리가 스며드는 경우가 더 많지만, 그것은 내가 그다지 잘하지 못해서일 뿐이다. 호흡을 하며 상상의 풍선 안으로 들어갔다 다시 풍선 밖으로 끌려 나올 때면 또 다시 호흡을 하며 풍선 안으로 들어가기를 몇 번이고 반복한다.

그나마 아이들이 너무 자주 다투지 않고, 금세 애정 어린 말과 몸짓을 건넬 때가 많아 다행스러울 뿐이다. 하지만 그 끔찍한 티격거림이 일어나면 불과 3분 전까지의 화기애애함을 다시 끌어내기는 쉽지 않다. 두 명 이상의 아이를 키우고 있는 부모라면 분명 공감할 것이다. 그리고 이번 마음챙김 실천법이 도움이 될 것이다.

마음챙김 실천법

아이들 사이의 다툼 중재하기

우선, 자제력을 되찾고 자동반사적 반응을 다스리기 위해 몇 번 심호흡부터 한다. 아이들이 비교적 어리고 다툼이 유독 격하게 치달아 있다면 상황을 안전하게 다잡기 위해 개입할 필요가 있다. 가능한 한 먼저 호흡부터 한다. 엄마들이 마음을 가라앉히고 가다듬기 위해 잠시 멈추는 시간을 가지며 도움을 얻는 것처럼 아이들도 마찬가지다. 달아오른 열기를 가라앉힐 방법으로는 벌을 주기보다 타임아웃이 가장 좋은 생각이다. 다정하지만 확고한 이런 식의 태도로 갈등을 다루면 아이들은 강제적 타임아웃이 벌이 아니라 모든 당사자에게 더 좋은 일이라는 것을 배우게 된다.

다툼이 심각한 신체적 위해를 일으킬 조짐을 보이지 않는 한, 심호흡을 하면서 고요함이 지배하는 그 기분 좋은 상상 속 풍선 안으로 천천히 들어가보자. 그리고는 자신의 몸으로 의식을 돌려 어깨, 배, 얼굴의 긴장된 근육을 풀어주자. 마음을 편히 먹고 원하는 만큼 창의력을 발휘해 풍선 안의 공간을 채워보자. 풍선 안에 들어가 있을 만한 여유가 없는 때라면 '부정적인 시각 바꾸기'(192쪽)나 '마음챙김을 위한 주문 외우기'(146쪽) 같은 다른 마음챙김 실천법이 도움이 될 수도 있다. 어쨌든 이 순간도 지나가게 되어 있다는 사실을 떠올리는 것만으로도 도움이 될 것이다.

이 또한 지나가리라

잡고 있는 밧줄의 끝까지 내려가게 되면
매듭을 묶고 끝까지 매달려라.
-프랭클린 루스벨트

아이들이 힘들어하는 모습을 보면서도 고통을 없애주기 위해 할 수 있는 일이 없다는 것을 아는 순간만큼 고통스러울 때도 없다. 신체적 고통이든 정서적 고통이든 그 고통을 대신 짊어지고 싶은 것이 보편적인 부모의 심정이다. 무력감은 강렬한 감정이며, 강렬한 감정이 모두 그렇듯 도움도 안 될뿐더러 나중에 후회할 만한 행동을 저지르게 만들기도 한다.

우리 집 두 아이 모두 수 주간의 위산 역류에 시달린 적이 있다. 이제 와서 생각하면, 아이들의 증상은 경미한 수준이었고, 지금까지도 그 사실은 다행스러울 뿐이다. 하지만 아이가 밤낮없이 울어대며 어떻게 해도 울음을 그치지 않아 결국엔 나까지 울음을 터뜨리던 그 당시에는 무력감만 늘어갈 뿐이었다. 어떤 밤은 상상할 수도 없을 만큼 길어 고문 같기만 했다. 그럴 때면 나는 몇 시간씩 집 안을 천천히 걸으며 희미한 여명이 비쳐 내가 다시 인간 같은 기분을 느낄 수 있기를, 아니면 적어도 아기를 남편에게 넘겨주거나 아이가 깨지 않고 깊은 잠에 들게 해줄 누군가를 부를 수 있기를 절실히 바랐다.

그로부터 3년이 지난 후에 내가 운전하는 차 뒷자리에 탄 아들은 카시트에 안전띠를 매고 앉아 초조한 마음에 어쩔 줄 몰라 하고 있다. 그리고 그 풍성하고 짙은 눈썹 밑으로 눈물을 펑펑 쏟아내 얼굴은 눈물 자국으로 얼룩져 있다. 내가 일주일에 세 번씩 오전반에 등록해둔 근처의 유치원에 아들이 처음 등원하는 길인데, 아들은 안 가면 안 되냐고 떼를 쓰는 중이다. 기절할 만큼 귀여운 세 살배기의 생각으로 유치원에 안 가야 하는 온갖 이유를 떠올리더니, 엄마가 일하러 나가야 한다는 말에도 자기 혼자 집에 있어도 괜찮다는 주장까지 편다.

다행히 유치원까지는 차로 불과 5분 30초 거리이고 첫 주가 지나자 다행히도 더는 울고 떼쓰지 않는다. 등원 2주째의 첫날 아침에 아들이 나를 쳐다보며 이렇게 물었다. "엄마, 내가 오늘 유치원에 가기 전에 울어야 할까요?" 나는 그러지 않아도 될 것 같다고 대답해주었다. 그리고 그것으로 유치원 등원 전쟁은 일단락되었다.

확실히 위산 역류의 문제도 용케 견뎌냈다. 모든 일이 그렇듯 이 단계도 다행히 지나갔고, 이제는 그때를 떠올려도 얼굴만 살짝 실룩거리게 될 뿐이다. 한창 그런 고통을 겪던 시간 동안 나는 호흡을 의식하며 주문처럼 다음의 말을 되뇌며 견뎌낼 힘을 얻었다. '이 또한 지나가리라. 이 또한 지나가리라.' 누가 그때의 내 모습을 봤다면 정신줄을 놓은 여자로 착각할 만도 했지만 사실은 그 반대였다. 나는 '이 또한 지나가리라'라는 이 단순한 마음챙김 문구 덕분에 제정신을 찾을 수 있었다.

마음챙김 실천법

마음챙김을 위한 주문 외우기

갓난아기를 달래든 슬픔에 잠겨 있는 십대를 달래든, 가장 먼저 몇 번의 심호흡을 하며 현재의 신체 감각에 주목하는 것이 좋다. 그래야 아이들과 더 현재에 머무를 수 있다. 혹시 배 속에서 겁에 질려 철렁 내려앉는 느낌이나 가슴이 조여오는 느낌이 오진 않는가? 호흡이 살짝 빨라졌는가?

거북한 감각을 드러내고 그와 더불어 무력감과 슬픔의

감정을 느낀다 해도 그런 당신 스스로에게 다정함과 연민의 감정을 가져보자. 그 상황의 감정에 압도되는 느낌이 들기 시작하면 호흡을 의식하며 긴장을 풀어보자.

장거리 롤러코스터 같은 육아 과정에서는 언제든 무력감이 거듭해서 고개를 들기 마련이지만, 그럴 때마다 들이쉬고 내쉬는 모든 호흡을 계속 의식하며 이 또한 지나가리라고, 이 또한 지나가리라고 되뇌자. 모든 순간은 예외 없이 지나가게 되어 있고, 결국 순조롭게 보내고 있는 지금은 행복에 겨운 느낌으로 돌아보게 되는 그 지나간 시간들에 대해 더 감사하게 될 것이다.

내 삶의 진정한 우선순위를 생각하기

내 삶의 끝에 다다라 내가 딱 그저 그 햇수의 길이만
살아냈음을 깨닫고 싶지 않다.
나는 삶의 폭도 살아내길 바란다.
-다이앤 애커먼

때때로 삶에서 가장 단순한 순간이 가장 의미심장한 순간이 될 때가 있다. 허리를 똑바로 펴고 앉아 주의를 기울이며 우리의 눈에 드리워진 마음놓침의 베일을 거둬내게 하는 그런 순간이 무엇보다 소중한 순간이 된다. 대부분의 사람들이 그렇듯 나 역시 여러 가지 일들이 나의 주목을 받고 나의 시간을 서로 붙잡으려 동시에 경쟁을 벌인다. 네 살짜리 아이, 열네 살짜리 아이, 남편, 가족, 일, 집안잔일, 친구들, 운동, 자원봉사 등등. 사실 모든 일들이 다 좋아서 그 사이에서 골라야 하는 게 고민일 정도이고, 그 모든 일이 나에게 주어졌다는 게 감사하지만 때로는 그 많은 일들 때문에 버거움을 느낀다.

특히 아들이 태어난 이후 아들에게 내 에너지를 너무 많이 쏟아야 하기 때문에 버거울 때가 있다. 흥이 넘쳐 재미있고 원기왕성한 아들은 우리 가족을 쉽게 한자리로 끌어모으고, 마음을 사르르 녹이는 귀여움으로 집안을 휘어잡는다. 10년 동안 외동으로 자라온 딸은 가끔씩 동생의 존재를 불만스러워할 뿐이며 대부분은 동생을 예뻐하며 잘 보살핀다. 좋든 싫든 아들은 목소리가 크고 수업 중에 질문이 있으면 손을 번쩍번쩍 드는 그런 아이이다.

얼마 전 주말의 오후에 나는 감기에 걸려 몸이 좋지 않았다. 아들이 낮잠을 자고 있는 동안 딸과 나는 테라스로 나가 잡담을 나누었다. 너무 피곤해 집안일을 하거나 공을 던져줄 기운도 없어 우리는 그냥 앉아서 서로에게 온전히 집중하고 있었다. 이야기를 나누며 나는 딸의 눈을 들여다보다 그 반짝이는 눈동자에 빠져들었다. 순간 숨이 목구멍에 턱 걸렸다. 감탄이 나오는 동시에 그동안 이 예쁜 눈을 잊어버리고 살았다는 사실에 큰 충격을 받았다.

그리고 그 순간 내가 딸과의 소통에서 얼마나 마음을 놓친 상태로 지내왔는지를 깨달았다. 생각해보니 그동안 딸을 제대로 봐주지도 못했고, 일상적인 집안일을 하는 중에 어설프게 관심을 보이는 척한 것이 전부였다. 슬픈 마음이 들었지만 또 한편으론 이런저런 사소하지만 급한 일들을 챙기느라 사랑스러운 열네 살 딸이 너무 많이 뒷전으로 밀려나 있었던 사실을 깨닫게 된 점에 감사하기도 했다.

어느새 나는 딸을 해도 해도 끝이 없는 듯한 할 일 리스트의 맨 밑으로 밀어두는 것이 점차 습관으로 굳어가고 있었다. 물론 소중함이나 사랑의 측면에서가 아니라 나의 주목을 받는 면에서 밑으로 밀어두고 있었다는 이야기다. 아들의 기저귀를 갈고 나서, 개에게 먹을 것을 좀 챙겨주고 나서, 업무 이메일에 답신을 하고 난 이후로 딸아이를 미루고 또 미뤘다. 매일매일 긴 하루를 마무리하며 어린 아들을 재우고 마침내 방해받을 일 없이 함께할 시간이 와도 기운이 딸려 사랑스럽고 이해심 많은 딸에게 쏟아줄 여력이 없었다.

교실에서 조용하고 말 잘 듣는 학생이 간과되기 십상인 것처럼 내 딸도 조용히, 그리고 의도치 않게 엄마의 레이다망에서 빠져버린 것이었다. 나는 죄책감과 부끄러운 마음에 속으로 조용히 딸과 나 자신에게 약속했다. 그 사랑스러운 눈을 더 자주, 더 의식적으로 들여다보기 위해 최선을 다하겠다고. 지금도 여전히 가끔은 딸과 돈독한 관계를 유지하기 위해서는 하던 일을 억지로 멈춰야 한다. 주방을 치우면서 딸에게 어정쩡한 관심을 가져주기보다 자리에 앉아 그 예쁜 눈을 들여다보며 그 눈 뒤에서 펼쳐지는 멋지고 통찰력 있는 생각에 귀 기울여야 함을 상기해야 한다.

우리의 마음이 경로에서 벗어나기가 쉬운 것처럼, 올바른 방향으로 나아가기 위해 마음을 챙기며 의도적으로 단순한 변화 하나를 받아들이는 것도 어렵지 않다. 내 경우엔 딸을 딸의 제자리인 우선순위의 맨 위로 되돌려놓으며 항상 엄마인 나의 레이더망 안에 들어오게 해두었다. 그러지 않았을 경우 무엇을 놓쳤을지 생각하면 아찔하다. 그렇게 관심의 초점을 재조정하게 되는 기회를 얻은 것에 감사한다.

마음챙김 실천법

아이의 눈을 들여다보기

모든 순간이 우리 관심의 초점을 다시 맞출 기회다. 부디 잠시라도 하던 일을 멈추고 아이의 눈을 들여다보며 숨을 깊이 들이마시는 시간을 갖기를 바란다. 아이가 자라면서 그런 시간을 갖는 것이 점점 더 어려워질 수도 있고, 자신이 생각하는 이상적인 모습과 달라져버릴 수도 있다. 그래도 정말로 중요한 순간을 놓치지 않고 즐기자고 스스로에게 마음속으로 조용히 애정 어린 다짐을 해보자. 소소한 마음챙김 실천법 하나로 평범한 순간이 범상치 않은 순간으로 바뀔 수도 있음을 느껴보자.

아이는
살아 있는 마음챙김이다

마음을 열 줄 알게 되면
우리를 돌아버리게 만드는 사람들을 비롯해
모두가 우리의 스승이 될 수 있다.
–페마 쵸드론

우리는 부모로서 끊임없이 아이들을 가르치고 이끌고 있지만, 우리가 아이들에게 배울 수 있는 것이 무엇인지 잊어버릴 때가 많다. 《매일매일의 축복Everyday Blessings》이라는 책에서 마일라와 존 카밧 진은 아이들을 우리와 함께 사는 '선禪 스승'이라고 칭하고 있다. 주의를 기울이고 마음을 열 만큼 마음을 느긋하게 가지면 아이들에게 현명한 견해들이 넘쳐난다는 것을 알 수 있다. 아이들은 우리가 받아들이길 기다리는 듯한 지혜를 가득 품고 있다. 따지고 보면 아이들은 살아 있는 마음챙김이다.

우리가 기어가듯 속도를 줄일 수밖에 없게 하는 갓난아기부터 집 밖으로 나왔다 멈춰서서 벌레를 자세히 들여다보는 걸음마쟁이와 오후 10시 30분이 솔직하고 중요한 대화를 시작하기에 아주 좋은 시간이라고 판단하는 십대에 이르기까지, 아이들은 우리의 마음챙김 시간표가 아니라 자신들의 마음챙김 시간표에 따라 움직인다. 어쨌든 가능하다면 잠시 멈춰서 아이들의 마음챙김 시간대에 함께 머물러주면 어떨까? 물론 그것이 현실적으로 힘들 때도 있을 테지만, 그래도 걱정할 필요는 없다. 우리가 주의를 기울이지 않을 때도 결국 이런저런 방식으로 우리는 아이들이 보내는 메시지를 분명 받게 되어 있다.

우리 집의 경우에는 어린 아들이 배꼽을 잡고 깔깔거리며 웃을 때는 그 웃음에 이런 경고를 붙여야 한다. '심각한 신체적 상해를 일으킬 수 있으니 주의할 것. 중독성이 아주 강할 수 있음.' 내가 바로 이 경고의 체험자다. 하루는 자고 일어났더니 목과 어깨가 화끈거리고 움직이기만 하면 꼬집고 찌르는 듯한 통증이 느껴졌다. 결국 평소에 다니던 지압사를 찾아갔더니 뭘 했기에 이런 상태가 되었느냐고 물었다. 말하기 부끄러웠지만 걸음마쟁이 아들과 춤을 추다 지나친 열정에 헤드뱅잉을 해댄 일을 마지못해 실토했다.

남편은 재능 있는 작곡가라 귀에 쏙쏙 박히고 춤추기에도 좋은 곡들을 녹음하기도 했다. 아빠의 열혈 팬인 아들은 아빠의 음악을 아무리 들어도 질리지 않는다. 그때도 내가 노래를 따라 부르며 머리를 360도로 빙빙 돌렸더니 아들은 정말 즐거워하며 배 속 깊숙한 곳에서부터 울려 퍼지는 소리로 깔깔대며 웃었다. 나는 그 웃음소리에 단박에 훅 낚이고 말았다.

그래서 (음악적으로나 신체적으로나) 시대에 뒤떨어진 그 행동을 유감스러워했으면 좋겠다고 경고하는 이성의 목소리가 순간적으로 스쳐 지나갔지만, 마음놓침 상태에 푹 빠진 채로 아들과 함께 정말 재미있게 놀았다. 아들은 마냥 신이 나서 웃음소리를 선사해주었다. 나는 그 중독적인 웃음이 주는 황홀감을 느끼고 싶은 마음에 계속 춤을 췄다.

척추 치료사의 척추 교정 테이블에 엎드린 채 고개를 조금 돌려서 바로 옆에서 의자에 앉아 있는 네 살배기의 아들을 힐끗 봤다. 앉아서 얘기를 듣고 있는 그 지혜롭고 귀여운 얼굴에 방긋 웃음기를 살짝 띤 표정이 이렇게 말하는 듯했다. '전들 어쩌겠어요? 엄마를 홀딱 빠지게 만들었다고 해서 저를 탓할 생각은 하지 마세요. 이 사랑스러운 보조개와 이 짙고 풍성한 눈썹을 보고 말해보세요.' 맞다. 아들은 자기가 나에게 미치는 영향력을 잘 알고 있다. 나는 아들 앞에서는 속수무책이다.

마음챙김은 놀이, 재미, 웃음을 통해 기쁨을 늘려 우리의 바쁜 삶에 더 균형을 잡도록 북돋워준다. 여기에서의 열쇠는 균형이다. 그리고 나는 삶에는 너무너무 좋은 것들이 정말로 있음을 가슴 사무치게 깨닫게 되었다. 당신의 삶에 균형이 깨져 있다면, 어떤 교훈이 마침내 제 모습을 드러내 배움의 기쁨을 알려주게 되어 있다. 내 아들은 그 점을 잘 알고 있다. 아이들은 선천적으로 더 마음을 잘 챙겨 자신의 몸이 보내는 신호를 선뜻 받아들인다. 반면에 어른들은 몸이 보내는 신호를 무시하는 쪽으로 더 길들여져 자신에게 더 쉽게 상처를 입힌다.

마음챙김을 꾸준히 수행하면 대체로 균형감과 온건함을 자연스럽게 유지하게 된다. 우리가 경로를 벗어나는 때는 잘 알면서도 자신을 위한 일이 무엇인지 의식하지 않거나, 내 경우처럼 무시하려 할 때다. 하지만 마음챙김의 묘미는 매 순간이 다시 시작할 새로운 기회라는 데 있다.

마음챙김 실천법

아이들에게서 마음챙김 배우기

아이가 관심을 필요로 할 때는 잠시 멈춰서 심호흡을 하며 이렇게 자문해본다. 이 순간 내가 나의 어린 선 스승에게 배울 만한 건 뭘까? (물론, 어린 혹은 다 큰 선 스승이 충만한 지혜로 인도를 해주고 있다기보다 성가시게 느껴질 때도 있을 것이다. 어쩌면 바로 그럴 때가 세심한 관심을 가져줘야 할 때일지 모른다.) 마음을 열고 아이들이 보내는 메시지를 받아들여보자. 그렇다고 모든 양육 문제를 아이의 손에 맡기라는 얘기는 아니다. 그보다는 엄마의 역할을 함께 걷는 여정으로 바라보며 경로에서 벗어났거나 스스로 완벽하지 못함을 인지할 때 그 사실을 선뜻 인정해보자.

그러려면 자신의 실수를 인정하고 사과하는 능력뿐만 아니라 상당한 용기와 자기용서가 필요할 수 있다. 또 한편으론 이따금씩 잠시 멈춰 어린 현자들이 앞장서게 해주어 아이들을 통해 우리가 평범하게 여기고 넘어가는 것들이 얼마나 아름답고 황홀한 것인지 느끼며 그 경험을 공유할 기회를 가져보자. 실제로 나는 아이들이 상기시켜준 덕분에 하던 일을 멈추고 가만히 귀를 기울이거나, 생각에서 빠져나와 멋진 저녁노을이나 침실 창문으로 비쳐 든 빛으로 생겨난 코뿔소 모양의 그림자에 주의를 기울여보곤 한다. 이렇게 나를 일깨워주는 스승들이 곁에 없다면 내가 무엇을 놓치고 살아갈지는 알 수 없는 일이다.

부디 아이들의 교훈에 마음을 열기를, 아이들이 우리의 장점을 끄집어내줄 수 있게 해주기를, 아이들이 자연스럽게 그러듯 우리 역시 더 현재의 순간을 살기를 바란다.

믿는 만큼
성장하는 아이들

당신이 부족한 것 없이 다 해주면
아이들은 옆에 있지 않는다.
부모 역할이란 잘할수록 결국엔
당신이 필요해지지 않을 것이 더 확실해지는 일이다.
-바버라 킹솔버

우리는 누구나 아이들이 행복하고 성공을 거두고 사회에 적응도 잘하는 어른으로 자라길 원한다. 하지만 한 사회 일원으로서 우리는 성공의 의미에 대해 잘못된 생각을 가지고 있기 마련이다. 지금의 아이들은 운동에서부터 학업, 예술에 이르기까지 뭐든 다 잘해야 한다는 압박에 지나치게 시달리고 있다. 성공은 (대입 지원서에 보기 좋은 스펙을 쌓기 위해) 가능한 많은 활동을 할 짬을 내고, 그와 동시에 성적 평점 4.0 이상을 유지하고, 스포츠나 관련 예술 분

야를 전문적으로 익히는 것과 동일시되어 있다. 그것도 이 모든 것이 법적 성인이 되기도 전의 얘기다. 나는 이런 점을 생각만 해도 완벽주의에서 간신히 벗어나고 있는 한 사람으로서 땀이 흐른다.

이처럼 (사회나 아이 자신, 그리고 부모들에 의해) 아이들에게 부과된 완벽함에 대한 기대가 성취 불가능한 정도이니, 십대 자녀를 위해 과학 프로젝트, 세탁, 점심 도시락 싸기, 대입 자소서 등등 온갖 일을 나서서 해주는 부모들의 얘기가 들려오는 것도 이상한 일은 아니다. 애정 어린 마음에서 그러는 것일 테지만, 아이 스스로 할 수 있는 일을 대신 해주는 것은 아이에게 도움이 되지 않는다. 스스로에게 솔직해진다면 이런 과잉행동이 불안하고 조마조마한 자신의 마음에서 비롯된 것임을 인정할 수 있을 것이다.

'우리 아이가 잘하지 못하면 어쩌지? 이러다 떨어지면? 기대에 못 미치면 어떻게 하지? 이번 한 번만 도와주자.' 부모들이 무의식중에 이런 생각을 가질 수 있다는 건 쉽게 이해할 수 있다. 그만큼 아이들이 실패하는 모습을 지켜본다는 것은 고통스러운 일이다. 하지만 그럴 경우 엄마들이 미끄러운 경사길을 걸으며 위험을 자초하는 격이다. 무엇보다 큰 위험은 우리가 아무리 감추려 애써도 아이들은 부모가 느끼는 불안을 감지해 그 불안을 내재화하고 결국 스스로의 재능을 의심하게 된다는 것이다. 또 다른 위험도 있다. 아이를 구해주려 이번 한 번만 개입하기로 한다면 또 다시 개입해도 되지 않을까 하는 기대가 자랄 수 있는 씨앗을 심는 것과 같다.

마지막으로, 아이가 더 넓은 세계로 나가 어려움과 실패를 겪으면서 자립하고 스스로 회복해나갈 수 있는 준비를 제대로 갖춰주지 못한다. 어려움은 회복력을 키워주고, 이 회복력이 우리가 아이들에게 길러줄 수 있는 가장 소중한 자질이라는 점에서 부모가 아이를 대신해서 일을 처리해주는 것은 큰 문제가 된다. 회복력과 반대되는 성향, 즉 무력감은 자신에게 어떤 상황을 처리할 능력이 없다는 믿음이며, 대체로 불안과 떼려야 뗄 수 없는 관계에 있다.

아이가 자신에 대한 믿음을 갖도록 가르치는 것도 하나의 선물이다. 아이가 자신에게 문제를 해결하는 능력과 삶이 던져주는 온갖 시련을 견뎌낼 능력이 있다고 믿게 해주어야 한다. 아이에게 책임을 맡게 하면 아이는 반발하기 쉽다. 당장 도와주려는 마음에 부모가 얼른 끼어든 적이 있는 경우라면 특히 더할 것이다. 변화는 누구에게나 불편한 일이다. 따라서 아이의 반발을 예상하고 단호하되 다정하게 입장을 고수해야 한다. 일관성을 지키며 아이가 부모의 생각보다 더 재능이 있음을 믿어야 한다. 아직은 부모의 보살핌 속에서 실수를 해볼 수 있는 기회를 충분히 주어야 한다. 그러기 위해서는 놓아주고 비켜주어야 한다. 그것이 성공한 어른으로 자라는 데 큰 도움이 된다. 다음의 말을 마음에 새겨두고 스스로에게 물어보자. '내가 이 아이에게 큰 세상으로 나갈 준비를 잘 시켜주고 있는 걸까?'

당연한 얘기지만 아이들은 시행착오도 해야 하고, 성공과 실패도 배워야 한다. 이런 과정을 거치지 않고는 성장은 없다. 따라서 자신의 내면을 들여다보며 엄마로서의 끌림이 아이의 필요가 아니라 순전히 자신의 필요에서 발현되는 순간을 알아채고, 그 동기가 불편한 마음이 들 만한 일을 피하려는 것인지 사랑의 마음으로 도움의 손길을 건네려는 것인지를 살펴야 한다. 물론 우리는 누구나 아이가 스스로 거뜬히 해낼 만한 일을 아이 대신 해줄 때가 있다. 내 경우를 예로 들자면, 나는 유치원 입학 이후로 딸아이가 학교에 가는 날이면 아이보다 먼저 일어나 아이가 마실 차를 준비하고 베이글을 구워놓은 후에야 딸을 깨웠다. 반면에 내 친구들 중에는 아이들이 학교에 다녀오겠다고 인사하며 부모를 깨우고 나가는 경우도 있다. 내가 딸을 응석받이로 길러 괜히 딸을 망치는 게 아닐까 싶어져 나 역시 스스로에게 물어본 적이 있다. '내가 이 아이에게 큰 세상으로 나갈 준비를 잘 시켜주고 있는 걸까?' 이 질문에 가능한 한 솔직하게 답하기 위해 나는 '큰 세상으로 나갈 준비시키기 실천법'을 척도로 삼아 이 오래된 습관을 찬찬히 짚어보았다. 이 마음챙김 실천법은 두 부분으로 나뉘어 있다.

첫 번째는 자신의 동기를 평가하는 것이다. 나는 일찍 일어나는 사람이라 딸이 깨기 전에 이미 명상을 마치고 커피까지 마신 상태이며, 딸의 아침을 준비하는 일은 사랑하는 마음에서 선택한 일이다. 여기에서 관건은 바로 선택이다. 나는 딸의 아침 준비를 자진해서 기꺼이 하는 것이며 마지못한 마음이나 희생정신 혹은 불안감에 못 이겨 하는 게 아니다.

두 번째는 그것이 아이가 혼자 힘으로 해낼 수 있는 일인지를 평가하는 것이다. 물론, 딸은 식사 준비를 혼자 알아서 할 수 있다. 이제는 혼자 힘으로도 일어나고, 베이글에 크림치즈를 듬뿍 바를 만큼 나이를 먹었다. 또한 주말에 자기가 아침과 점심을 차릴 때가 많은 편이라 나는 딸이 밥을 차려 먹을 만한 능력은 터득했다고 확신하고 있다. 따라서 이 일은 두 가지 측면 모두에서 '큰 세상으로 나갈 준비시키기 실천법'의 척도를 통과한 셈이니 나는 앞으로 쭉 우리집 십대 공주님에게 등교 전에 차와 베이글을 차려서 대령해 줄 생각이다.

딸이 힘들어서 쩔쩔매는 모습을 보면 구해주고 싶어지지만 용케 참는 경우도 있다. 가령, 딸이 시간 관리를 잘 못해서 잠잘 시간까지 마쳐야 할 공부와 집안일에 매달려 있을 때는 도와주고 싶은 마음을 참아야 한다. 이럴 때는 먼저 심호흡을 몇 번 하며 다른 곳으로 피해 찬찬히 따져봐야 한다. '내가 딸에게 큰 세상으로 나갈 준비를 잘 시켜주고 있는 걸까?'

내가 도움을 주는 것이 딸에게 최선의 선택이 아니라는 판단이 서면 아이의 일에 개입하지 않기 위해 다른 일을 하면서 분주하게 시간을 보낼 때도 있다. 딸은 그렇게 어려움을 겪으며 시간 관리를 잘하지 못한 경험을 통해 배움을 얻을 것이다. 엄마의 입장에서는 지켜보기 힘들어도 어쩔 수 없다. 아이가 겪는 어려움에 따른 위험 부담이 낮을 때도 물론 가만히 지켜보는 것이 쉽지 않지만, 위험 부담이 높을 때 그대로 지켜보는 것은 보통 힘든 게 아니다. 이 마음챙김 실천법을 수행하며 아이가 전력을 다하는 모습을 지켜보면 마침내 엄마와 아이 모두 자신감을 기를 수 있을 것이다. 자신감은 누구에게나 많을수록 좋은 법이다.

마음챙김 실천법

큰 세상으로 나갈 준비시키기

몇 번 심호흡을 하며 마음을 다잡고 몸을 진정시키고 생각이 더 잘 집중되게 한다. 내가 아이에게 큰 세상으로 나갈 준비를 잘 시키고 있는 걸까? 이 질문을 지침으로 삼아 해당 상황을 두 측면의 척도에서 짚어본다.

첫 번째로 자기 자신을 점검한다. 걱정스러운가? 겁이 나는가? 그렇다면 이런 마음이 신체 감각으로 어떻게 표출되고 있는가? 배 속이 울렁거리는가? 가슴이 짓눌리는 느낌인가? 아이를 보호해주고 싶은 간절함이 자신의 두려움이나 필요나 못 미더움에서 비롯된 것일 가능성은 없는가? 그런 것 같다면 엄마 역할 중에서도 상당한 용기와 맹

목적 믿음이 필요한 이 힘든 일을 겪어내는 자신에게 연민을 베풀어보자. 아이가 발전할 수 있으려면 자신이 아이의 능력을 믿지 못해 느끼는 불안을 인정하고 견뎌낼 줄 알아야 한다.

두 번째로는 아이의 능력을 판단한다. 아이가 주어진 상황에 도전할 만한지 판가름하는 문제에서는 확실하고 쉽게 판단하기가 어렵기 때문에 상황을 잘 살펴야 한다. 나는 이 문제에서는 지나치게 확신하는 것이 최선이라고 본다. 인간은 누군가가 자신을 믿어준다는 확신이 드는 한 어려운 도전 앞에서도 잘 대처하는 경향이 있기 때문이다. 그러니 아이에게 능력이 있다거나, 있을지도 모른다는 판단이 서면 놓아주길 권한다. 앞에서 비켜줘라. 당신이 아이 곁에서 지켜보며 아이가 넘어지면 언제든 붙잡아줄 수 있다는 점을 잊지 마라. 하지만 우선은 아이가 비상하는 모습을 상상해보자. 큰 세상으로의 첫걸음을 축하해주자.

제4장

“엄마도 돌봄이 필요해!”

폭탄 같은 일과 속에 꼭 필요한
‘엄마 챙김’ 마음챙김

이 글을 쓰고 있는 지금 열네 살인 딸과 네 살인 아들 모두 건강하게 자라고 있으니, 나는 운이 좋은 편이다. 물론 10년 만에 둘째 아이를 낳으며 다시 기저귀를 갈아주느라 바쁘고 아이 때문에 잠도 제대로 자지 못하는 삶이 시작되었을 때는 정신이 쏙 빠진 채 마치 10년 전으로 돌아간 것 같은 충격을 받기도 했다. 나는 큰 아이가 세 살 때부터 매일 명상 수행을 시작했다. 어느새 명상이 습관으로 자리 잡으면서 전반적으로 차분함과 행복감을 느끼고 삶의 활력을 얻긴 했지만, 지금의 상태에 이르기까지 아무 어려움이 없었던 것은 아니다.

아들을 임신했을 때 피부 질환으로 우여곡절을 겪은 적이 있다. 마흔한 살 생일을 몇 주 앞두고 임신 사실을 알게 된 나는 마냥 행복하기만 했다. 고령 임신이긴 했지만 나름 건강하다고 자부하며 새로운 가족을 맞이할 준비를 하고 있었다. 그러다 임신 2개월째에 들어섰을 때 볼에 난 혹의 정기 생체검사에서 피부암의 일종인 기저세포암 진단을 받았다. 치료가 가능한 암이었지만 혹을 제거하기 위해 마취를 해야 한다는 말에 겁이 나고 불안했다. 가장 큰 걱정은 배 속의 아기에게 미칠 영향이었다. 수술을 며칠 앞두고는 갑자기 걱정이 밀려들기 시작했는데, 그때마다 나는 호흡을 의식하며 마음을 가라앉히기 위해 마음챙김 수행을 하곤 했다.

수술 후 깨어나 태아의 심장 모니터를 통해 아기의 힘찬 심장 박동을 들은 후에야 마음을 놓을 수 있었다. 눈물이 나오고 목이 메고 배 속이 울렁거리며 몸으로 느껴지는 슬픔과 아기가 무사하다는 안도감이 뒤섞였다. 그런데 마음챙김 덕분에 이 모든 감정을 인정하고, 내가 어쩔 수 없는 일들을 받아들이며, 앞으로 나아갈 수 있게 되었다. 왼쪽 뺨의 커다란 수술 자국을 보고 받은 충격을 이겨내는 데에도 마음챙김 수행이 도움이 되었다.

그보다 두 달 전에는 가을 파종을 위해 미리 정원을 정리하던 중에 갑자기 몸에 이상한 반응이 나타나기 시작했다. 그제서야 내가 독이 있는 작은 옻나무를 많이 뽑았다는 것을 알고 놀랐다. 결국 나흘 동안 병원에 입원하게 되었는데, 정맥주사제가 너무 빨리 투여되면서 발작 비슷한 끔찍한 반응이 일어났다. 그 순간 이런저런 생각에 걱정이 앞섰지만, 그때마다 나는 호흡으로 마음을 가라앉히며 주의를 집중한 덕분에 불안을 누그러뜨릴 수 있었다. 마음챙김은 내가 직면한 시련을 없애주진 않았지만 잠시 내 주의력이 쉴 여지를 주었다.

정원 손질을 미룬 채 여름에서 가을로 접어들고 가을이 겨울로 넘어갔을 때 오랫동안 기다렸던 아기가 세상으로 나왔다. 감사하게도 아들은 임신 중에 겪었던 여러 가지 문제의 영향을 받지 않고 건강하게 태어났다. 하지만 큰 사랑을 받으며 우리에게 찾아온 아기는 한 번에 20분이 넘게 잠을 자는 법이 없었다. 여기에 더해 유선염 등의 문제로 모유 수유에 어려움이 있었고, 시어머니가 말기 암 진단을 받으며 가족들의 걱정이 말이 아니었으며, 열 살이 된 딸은 엄마에게 관심을 받고 싶어 안달했다. 결국 얼마 지나지 않아 산후우울증이 피할 수 없는 현실이 되고 말았다.

그냥 세상에서 사라졌으면 좋겠다는 마음이 들어 침대에 누워 흐느껴 울었던 그때가 지금도 생생히 기억난다. 그때 내 생애 처음으로 '자살'이라는 단어를 떠올렸다. 그와 동시에 갓난쟁이 아들, 남편, 부모님, 엄마 없이 자라며 상심에 빠질 딸의 모습이 어른거렸다. 다행히 끔찍한 생각을 실행에 옮길 구체적인 계획을 세우지는 않았다. 너무 기진맥진한 나머지 그럴 기운조차 없었다. 너무 강렬해서 겁이 날 정도로 그저 사라지고 싶은 마음만이 절실했다.

마음챙김이 이런 강렬한 감정을 막아주거나, 감정적 피로와 고통을 없애주었던 건 아니다. 하지만 매일의 마음챙김 수행을 통해 시간이 지나면 뭐든 다 변하게 되어 있고, 나의 감정 또한 변한다는 것을 알게 되었다. 내가 순간순간을 받아들일 수 있다면 마침내 괜

찾아질 것 같았다. 그렇게 순간순간을 받아들이고 매 시간을, 그리고 매일매일을 받아들이게 되면서 절망을 가라앉힐 수 있었다. 그러자 차츰 원래의 나로 돌아오는 느낌이 들었다.

세계적으로 유명한 마음챙김 기반 스트레스 해소 프로그램의 창시자 존 카밧 진은 이런 과정을 "완전한 비극을 살기"라고 일컫는다. 우리는 삶에서 마주치는 그 어떤 일이든 참고 견뎌낼 만한 내적 자원을 발전시킬 수 있으며, 바로 이 내적 자원이 모든 일을 뜻대로 다루어야 할 것 같은 압박감과 불안을 잠재워줄 효과적인 해독제 역할을 한다. 꾸준한 마음챙김 수행은 폭풍의 한가운데에서도 고요함과 잠잠함과 평화로움이 깃든 친숙한 공간을 선사해준다.

이번 장에서는 자신을 더 잘 돌보면서 하루하루가 평화롭고 재미있는 생활을 지속해나가도록 북돋워주는 마음챙김 실천법에 대해 알아볼 것이다. 이 방법들을 읽다 보면 삶의 난관을 헤쳐나가고, 기운을 내고, 일상생활 속에서 더욱 마음챙김에 대해 관심을 기울이며, 약간의 기쁨까지도 느낄 수 있는 방법을 배우게 될 것이다. 그러니 지금 다정한 보살핌이 절실한 상황에 있든, 의욕 충만한 상태에 있든 관계없이 이 장에서 살펴볼 실천법을 통해 큰 도움을 얻을 수 있을 것이다.

운전 중에
놓쳐버린 마음

가장 위대한 발견은 인간의 마음가짐을 바꿈으로써
인생을 바꿀 수 있다는 것이다.
–윌리엄 제임스

몇 년 전 나는 동료들과 함께 마음챙김 지도자들의 오전 모임에 가고 있었다. 당시에 우리는 매달 동료 중 한 사람의 집에서 모여 명상도 하고, 관련 연구에 대한 의견도 나누고, 새로운 지도법을 배우기도 했다. 그날 아침에는 내가 운전을 해서 1시간 거리에 있는 동료의 집까지 지도자들과 함께 가게 되었다. 그런데 운전을 해서 목적지까지 가는 도중에 우리는 서로 밀린 이야기를 나누는 데 푹 빠져 그만 자동조종장치 모드로 빠져버렸고, 나가야 하는 고속도로 출구를 몇 킬로미터나 지나치고 말았다. 우리는 마음챙김 모임에 늦은 것이 안타까웠지만, 마음챙김 모임에 가는 길에 우리가 얼마나 깊게 마음놓침 상태에 빠져들었는지 생각하니 웃음이 나오기도 했다.

휴대전화도 없고 당장 다른 데 신경을 써야 할 거리도 없는 상황에서도 우리는 때때로 자동조종장치 모드로 빠지곤 한다. 익숙한 길을 운전해서 갈 때 특히 그런 경향이 높다. 우리의 마음은 금세 싫증을 내고는 새롭고 신기한 것을 찾아 다른 것으로 주의를 돌리는 어린아이와 다를 바 없다. 마음챙김의 상태로 운전을 하는 것이 좋은 이유는 분명하다. 그래야 더 안전할 뿐만 아니라 더 차분한 상태에서 마음챙김의 근육을 키울 또 하나의 기회를 얻을 수 있기 때문이다.

마음챙김 실천법

여유 있는 마음으로 운전을 즐기기

운전을 할 때는 몇 분이나 몇 킬로미터마다 자신의 몸을 살펴보려 애쓴다. 정지 신호 앞에 서 있거나 도로가 정체되어 기다리고 있을 때도 마음챙김의 상태에서 운전을 하기에 딱 좋은 순간이다.

허리와 어깨를 펴고 자세를 바르게 하고 있기는 하지만

긴장되어 몸에 잔뜩 힘을 주고 있지는 않은가? 아니면 어깨에 너무 힘이 들어가 있지는 않은가? 운전대를 지나치게 꽉 움켜쥐고 있지는 않은가? 주의와 생각이 도로가 아닌 다른 곳을 배회하고 있는가? 그렇다면 주의와 생각을 현재의 순간으로 다시 데리고 오자. 약속 시간에 늦어서 급한 마음에 서둘러 달려가고 있는가? 아니면 여유 있게 출발해서 느긋한 마음으로 운전하고 있는가? 급하게 서둘러 가고 있는 중이라면 크게 숨을 쉬며 더 넓은 시각에서 약속에 늦는 것이 생각하는 것만큼 정말로 심각한 문제인지 살펴보자. 정말로 그런 경우는 별로 없다. 지금은 운전을 해서 가는 도중이니 그 주행을 즐겨보는 게 어떨까?

5분 낮잠의 놀라운 재충전 효과

절망에서 희망으로 건너가는 가장 좋은 다리는
단잠을 자는 것이다.
–일라이 조셉 코스만

초보 엄마들이 흔히 듣는 조언이 있다. 아기가 잘 때 자라는 것이다. 아주 좋은 의도가 담긴 조언이지만 내 생각에 이 조언에는 조금 문제가 있는 것 같다. 깨지 않고 30분 이상 잠을 자는 갓난아기가 어디에 있는가? 자신의 아기가 그렇게 오래 잔다면 당신은 정말 운이 좋은 사람이다. 아들이 갓난아기였을 때 아들이 잠깐이라도 꾸벅꾸벅 졸면 나는 출발 신호를 받은 육상선수처럼 화장실로 달려가 볼일을 보고, 걸신이라도 들린 듯 배를 채우고, 지친 머리를 뉘이며 재깍재깍 가는 시간을 의식했다. 불과 60초 사이에 황홀한 꿈나라에 빠져들었다가 5분 만에 깬 아이의 소리에 놀라 깨서는 놀아달라고 보채는 아이에게 집중해야 했다. 마치 잠을 못 자게 하는 고문을 받는 기분이었고, 갓난아기를 키우면서도 완전히 무너져내리지 않고 잘 버티는 것처럼 보이는 다른 엄마들을 보면 경외감이 들었다.

필사적인 마음으로 언젠간 아기가 낮잠이라고 불러도 될 만큼 오랜 시간 잠을 잘 때가 올 테니 그때까지는 어떤 식으로든 가능할 때마다 눈을 좀 붙여야 한다는 생각뿐이었다. 그러나 아들이 처음으로 꽤 한참 동안 낮잠을 잤을 때 나는 이상하다 싶을 만큼 조용한 아이의 상태가 걱정이 되어 살펴보기도 했다.

얼마 전에 드라마 〈그레이 아나토미〉의 작가 숀다 라임스가 쓴 《1년만 나를 사랑하기로 결심했다Year of Yes》라는 감동적인 책을 읽었는데, 그 책에서 모성을 주제로 한 부분을 읽으며 숀다 또한 아이를 키우며 수면 부족으로 고통을 겪었다는 사실을 알게 되었다. 그녀는 딸이 태어나고 8주간의 일을 자세히 얘기하며 그 당시 자신의 상태에 대해 "눈앞에서 방 안의 공기가 파란색 파장으로 빙빙 도는 느낌이 들 정도로 피곤에 완전히 절어 흐느껴 울었다"라고 말했다. 그 부분을 읽으며 '맞아, 정말 내 마음을 그대로 보여주는 것 같아'라는 생각이 절로 들었다.

심술궂은 심보일지 모르지만 그 고생담을 읽으니 나만 그런 게 아니라는 생각에 안심이 되었다. 심지어 그녀는 그 순간의 심정에 대해 이렇게 말했다. "12년이 지나 그때의 그 밤들과, 그 수면 부족 상태를 떠올리면 지금도 살짝 아찔해진다. 주변에 고문하고 싶은 사람이 있는가? 그렇다면 그 사람이 너무나 사랑하지만 잠을 안 자는 귀여운 아기를 그에게 맡기면 된다."

내가 이 얘기를 꺼낸 이유는 숀다와 비슷한 기억이 떠올라 다시 아찔함을 느끼게 하거나, 공포에 떨며 영원히 아기 없는 세계로 달아나게 만들려는 게 아니다. 그보다는 우리가 이 문제를 충분히 얘기하지 않고 있다는 점을 이야기하고 싶다. 이런 얘기를 꺼내지 못하는 중요한 이유는 자신만이 엄마 역할을 제대로 해내지 못하고 있다고 생각하며 부끄러움을 느끼기 때문이다. 다른 사람들은 다 용케 해내고 있는데 자신만 지쳐서 허우적댄다면 분명 자신한테 문제가 있는 거라고 생각하게 되기 마련이다. 하지만 숀다가 확인해 준 것처럼 갓난아기를 둔 엄마가 수면 부족에 시달리는 것은 혼자만의 문제가 아니며, 이는 엄마의 행복에서 아주 중요한 부분이다.

아이가 자라고 다시 마음껏 잠을 잘 수 있게 되면 잠은 죽은 후에 충분히 잘 수 있다고 생각하게 될지도 모른다. 우리 사회가 그런 생각을 부추기기도 한다. 하지만 하루에 4시간이나 5시간만 자는 생활을 그럭저럭 해내며 의도적으로 잠을 자지 않은 채 생활하는 것은 명예로운 훈장감이 아니다. 그러니 엄마 역할과 수면 부족의 어느 단계에 있든, 잠을 더 자려 해보자. 우리의 신체적, 정신적 건강을 위해서는 적당한 잠이 필요하다. 갓난아이를 둔 엄마들은 대부분 충분한 잠을 못 자고 있고, 현재 연구 결과를 통해서도 입증되었듯이 만성적 수면 부족은 건강에 해롭다. 가능하다면 수면 시간을 잘 지키고, 중간에 깨지 않고 7~9시간 동안 수면을 취하는 것이 좋다. 수면의 양과 질이 언제나 우리의 뜻대로 되는 건 아니지만 가능할 때마다 우선순위의 앞쪽에 놓아두자.

나는 취침시간과 기상시간이 언제나 내 뜻대로만 되진 않기 때문에 파워냅power nap(원기 회복을 위한 짧은 낮잠-옮긴이)의 고수가 되었고, 다행히도 내 업무 스케줄상 일주일에 몇 번은 낮잠을 잘 수 있다. 나는 낮잠은 모든 사람이 해볼 만한 환상적인 일이라고 생각한다. 나는 이제 낮잠의 달인 수준에 이르렀고, 정확히 35분 후에 알람이 울리도록 맞춰놓고는 낮잠을 취한다. 5분 동안 마음이 차분히 가라앉으며 잠으로 흘러들어가면 30분 동안 행복에 겨운 기분으로 깜빡 잠이 든다. 그러면 알람이 울리기 몇 분 전에 눈이 떠지면서 가뿐해진 몸으로 하루를 이어갈 채비를 할 수 있다.

이 마법의 30분을 넘겨 계속 자다 일어나면 정신이 몽롱하고 기분이 좋지 않다. 내가 이런 상태일 때는 겉으로 내색을 안 하려 아무리 애써도 가족들도 나도 나를 대하고 싶어 하지 않는다. 때로는 카페인의 도움이나 다른 선택의 여지 없이 오직 자신의 의지만으로 힘들게 피로를 이겨낼 때가 있다. 이런 선택안 모두가 30분의 파워냅의 효과에는 미치지 못한다. 파워냅은 마음챙김의 상태에 머무는 데 큰 도움이 될 뿐만 아니라 파워냅 이후에는 훨씬 여유 있는 마음으로 엄마로서의 역할을 해나갈 수 있다.

마음챙김 실천법

자신을 돌보기 위한 낮잠 시간

아이가 어리고 꼬박꼬박 낮잠을 자거나 부모 없이도 혼자 놀 만한 나이라면 자신만을 위해 잠깐 낮잠을 자는 것이 나머지 하루의 활력을 유지하는 데 도움이 된다.

아이가 낮잠을 자지 않고 혼자 놀 수 있는 나이가 아니라면 아이에게 잠깐 동안 조용히 있도록 해서 낮잠 시간을 갖도록 한다. 아이에게는 잠깐 동안 엄마가 방해받지 않고 쉬어야 한다고 일러준다. 경우에 따라 필요하면 아이에게 자기 방에서 조용히 놀거나 책을 읽고 있어야 한다고 알려줘야 한다. 처음에는 아이들이 받아들이지 않더라도 단호함과 끈기를 가지고 알아들을 수 있도록 가르쳐야 한다. 이처럼 혼자 조용히 낮잠을 자는 짧은 시간은 아이와 엄마 모두에게 도움이 된다. 아이가 깨닫든 아니든, 엄마에게는 조용히 긴장을 풀 시간이 필요하다. 또한 아이에게도 분주하고 자극적인 사회에서 긴장을 풀 줄 아는 능력을 가르치고 키워줄 필요가 있다.

아이가 더 컸을 때 자신을 재충전하기 위해 자발적으로

다시 조용한 시간을 갖게 될 수 있도록 지금 이 마음챙김 실천법을 통해 이런 능력을 키워주자. 이 시간에는 명상이나 독서를 하거나 그냥 허공을 응시하며 보내는 것을 추천한다. 중요한 점은 자기 자신은 물론이고 가족에게 최선을 다할 수 있도록 자신을 돌볼 짬을 조금 내서 쉬는 것이다.

어떤 방식으로 이 시간을 보내든 자신만을 위한 잠깐의 짬을 내는 습관을 잘 지켜나가기 바란다. 매일 그 근사한 시간이 다가올 때마다 무엇이 가장 필요한지 살펴보자. 신체적 에너지 상태는 어떤가? 정신이 맑은가, 아니면 기운이 빠져 있는가? 감정 상태는 어떤가? 녹초가 되어 있는가, 아니면 차분한가? 분명한 답이 있을 수도 있고, 자신에게 지금 무엇이 필요한지 잘 알지 못할 수도 있다. 확실하지 않을 때는 쉬는 편을 선택하자.

낮잠 자는 시간을 이런저런 방식으로 시험해보자. 내가 30분의 낮잠으로 기력을 회복했듯이, 모든 엄마들에게는 이상적인 수준의 에너지를 채워주는 최적의 시간이 있을 것이다. 너무 적게 자면 에너지가 충분히 채워지지 않고, 너무 많이 자면 오히려 불편함이 더 심해질 수도 있다.

조바심 없이 기다리는 마음 기르기

명상이 우리에게 알려주는 한 가지는
평온함이 이미 우리 안에 존재한다는 것이다.
우리는 모두 평온함을 향한 열망을 갖고 있다.
숨겨지고 가려지고 방해받기 일쑤라 해도
우리는 마음 깊이 그 열망을 품고 있다.
-달라이 라마

아이들을 키우며 바쁘게 살다 보면 자기만을 위한 여유 시간이 하나도 없는 것 같을 때가 많다. 마트 계산대 앞에 서 있는 시간이나 방과 후에 아이를 데리러 가는 시간, 걸음마를 뗀 아이가 엉금엉금 느린 걸음으로 욕실에서 방으로 걸어가는 동안 기다리는 시간이 견딜 수 없을 만큼 길게 느껴지기도 한다. 머릿속으로 그 시간에 할 수 있을 만한 모든 일들을 하나하나 생각하다 보면 점점 조바심이 쌓이기도 한다. 하지만 그렇게 좌절감을 키우기보다 기다리는 시간을 잠시 멈춰 마음챙김을 실행하는 시간으로 만들어보자. 그러다 보면 자신의 의식과 현재에 머무는 능력을 더 기를 수 있는 기회를 차츰차츰 원하게 되고, 심지어 손꼽아 기다리게 될 것이다.

마음챙김 실천법

끈기 있게 기다리는 마음 기르기

기다리는 동안 휴대전화를 들어 문자를 보내거나 웹서핑을 하고 싶은 충동이 강한 자력처럼 마음을 끌어당길 수도 있다. 그런 충동에 굴복하기 전에 그냥 그 순간의 느낌에 주목해보자. 우선 심호흡을 몇 번 한다. 여유로운 시간이 있으면 강박적으로 휴대전화를 확인하는 등의 습관이 몸에 배어 있는 사람이라면 아주 거북한 느낌이 들 수도 있다. 그럴 땐 당신의 아이에게 하듯, 스스로에게도 다정하되 단호하게 그대로 가만히 있으라고 다독이면 된다. 발부터 시작해서 몸을 위로 쭉 훑으며 각 부위의 감각에 주의를 기울인다. 긴장된 근육을 풀어준다. 배의 긴장도 편하게 풀어준다. 어깨에 들어간 힘을 빼고, 입과 눈 주변의 잔근육을 부드럽게 푼다. 들이쉬고 내쉬는 호흡 하나하나를 의식한다. 무슨 일이든 하고 싶은 끌림이 느껴질 때마다 그냥 계속해서 마음을 챙기며 생각과 느낌에 주목할 수 있는지 스스로를 시험해보자. 이런 실천법을 많이 수행할수록 가만히 있으면서도 다른 데 한눈을 팔지 않고 끈기와 차분함을 기를 수 있다.

청소기와 하나가 되는 황홀한 기분

파도를 멈출 수는 없지만
파도를 타는 법은 배울 수 있다.
-존 카밧 진

청소는 내가 가장 싫어하는 일 중의 하나다. 반면에 나의 가장 친한 친구 두 명은 청소하는 것을 무엇보다 좋아한다. 한 명은 청소하는 것 자체를 정말 좋아하고, 다른 한 명은 청소를 하며 스트레스를 해소하곤 한다. 나는 어느 날 자고 일어나면 두 친구 중 한 명과 더 비슷해져 있길 바라곤 했는데, 이제는 그런 희망사항도 포기한 지 오래다. 나는 아무래도 청소를 좋아하게 될 수는 없을 듯하다.

게다가 주변의 많은 엄마들과 마찬가지로 아이들이 태어난 이후로 내 청결함의 기준도 크게 바뀌었다. 적당히 지저분한 상태를 어느 정도 인정하고 청소를 포기한 것이다. 그렇다고 우리 집이 공식적으로 위해 환경으로 지정될 만한 수준은 아니다. 그저 방구석에 먼지 덩어리 몇 개 굴러다니는 것은 가족의 명예로 용인해주는 정도이다.

가끔씩 집 안을 빙 둘러보다가 더는 대청소를 미룰 수 없겠다는 생각이 드는 날도 있다. 어제가 바로 그런 날이었다. 그런데 그날따라 유독 대청소를 시작할 의욕이 생기지 않아 마음챙김을 이용해 보기로 마음먹었다. 청소를 싫어하는 마음에 저항하며 억지로 청소를 하려 애쓰기보다 물, 걸레, 청소기의 감각에 집중하기로 했다. 청소에 대한 불편함이라는 익숙한 생각으로 마음이 흘러가는 것을 느낄 때마다 마음을 단호하지만 다정하게 현실로 끌고 와서는 다시 한 번에 하나의 감각에 주목하게 했다.

나의 이 작은 실험이 청소용품들과 하나가 되는 황홀한 기분을 느끼게 해주었다. 그렇다고 청소를 하는 것이 너무나 즐겁고 기쁜 것은 아니지만, 마음챙김의 방법을 청소에 적용하면서 청소를 싫어하는 마음을 덜어내고 약간이나마 청소를 즐기게 되었다. 그렇다고 집안일을 아주 신나는 일로 생각해야 한다는 것은 아니다. 하지만 지금 눈앞에 닥친 일을 하는 데 마음챙김의 방식을 이용한다면 아무리 싫은 일이라도 기분 좋거나 적어도 무덤덤한 일로 바꿀 수 있다. 실제로 나 또한 이런 방법으로 청소나 집안일에 대한 극도의 거부감을 많이 줄일 수 있었다.

마음챙김 실천법

집안일에 마음챙김 적용하기

집안일이라고 하면 어떤 느낌이 드는가? 불평이나 푸념만 나오거나 울상이 지어지는 끔찍한 일인가? 우리의 태도는 자신이 취하는 관점에 따라 크게 좌우된다.

우선, 가능한 한 큰 만족감을 느낄 수 있는 분위기를 만들어보자. 취향에 따라 이어폰을 끼고 좋아하는 방송을 듣거나, 신나는 음악을 크게 틀어놓고 춤을 추면서 일을 하거나, 그냥 간절히 필요하던 고요한 상태를 유지하는 등 자신이 원하는 분위기를 만들면 된다. 열린 마음을 갖고 이런저런 방법을 시험 삼아 해보며 청소를 하면서 느낄 수 있는 감각에 집중하고, 마음이 지금 하고 있는 활동에서 떠나 배회하려고 하면 몇 번이고 다시 집중해보자.

약간의 장난기가 발동하고 아이들이 가까이에 있다면 재미있는 일처럼 보이게 하면서 청소를 하는 것도 좋은 방법이다. 마치 청소가 정말 즐겁고 재미있는 일인 듯이 하다 보면 아이들이 같이 하고 싶다며 조를 수도 있다. 아이들을 속이는 것이 아니냐고? 그렇게 생각할 수도 있지만,

그렇다고 해도 엄마나 아이 모두에게 해가 되는 일은 아니다. 또한 그렇게 하다 보면 집안 정리가 아주 싫은 일처럼 느껴지지 않을지 모른다.

스트레스를 날려버리는 셀프 마사지법

양육의 성과에 가장 큰 영향을 미치는 요소는
엄마의 행복과 정상적 활동의 수준이다.
아이들을 아낀다면
먼저 엄마를 신경 써서 보살펴줘야 한다.
-릭 핸슨

아이가 생기기 전에 나는 여유로운 시간을 당연하게 여겼고, 남편과 서로 마사지를 해주는 시간을 자주 갖곤 했다. 아이가 생기기 전에는 언제나 여유가 있었고, 나의 스케줄과 컨디션에 따라 일정을 조정할 수 있었으며, 남편과 마음을 차분히 가라앉혀주는 마사지를 해주는 시간도 충분했다. 하지만 누구나 예상하듯이 아기가 태어나 가족이 늘어나면 적어도 한동안 부부의 애정 생활은 (그리고 마사지 생활에도) 어떤 방식으로든 영향을 받게 된다. 느긋하고 호강스러웠던 마사지나 편안한 수면과는 이별해야 한다.

나는 아기에게 마사지를 해주는 것이 아이를 진정시키고 엄마와 유대감을 형성하는 데 도움이 된다는 글을 읽고 딸이 갓난아기 때부터 매일 마사지를 해주었다. 그리고 차츰 아이에게 마사지를 해주는 행동에 가락을 붙여 노래를 부르기도 했다. "등부터, 등부터, 등부터 시작해요." 노래 부르기는 딸에게 여러 신체 부위의 이름을 알려주는 데에도 도움이 되었다. 딸이 걸음마를 떼고 유치원에 다닐 때까지도 나는 계속 아이에게 마사지와 함께 노래를 해주곤 했다.

딸이 유치원에 다닐 때는 내 생일에 딸이 나에게 마사지를 해주기도 했다. 그때를 떠올리면 내 얼굴과 목과 어깨를 조물락거리며 살살 만져주던 그 자그마한 손이 그리워진다. 아이는 나름대로 너무 부드러워 느껴질락 말락 하는 그 손길로 나에 대한 보살핌과 사랑을 보여주려 했을 것이다. 언제부터 우리가 마사지를 해주지 않게 되었는지는 정확히 기억나지 않지만, 아마 딸이 크면서 차츰 하지 않게 되었을 것이다.

그래서 아들이 태어났을 때 나는 그 작은 몸을 다시 마사지해줄 수 있는 것이 기뻤다. 내가 관자놀이와 목을 아주 살짝 눌러주면 아들의 얼굴이 눈에 띌 만큼 편안하게 풀렸다. 말을 할 줄 알게 되었을 때는 나를 따라 노래를 부르기도 하고 몇 년 전에 딸아이가 그랬던 것처럼 나에게 마사지를 해주기도 했다.

가족들과 서로 마사지를 해주는 것 외에도 스스로 하는 셀프 마사지도 마음을 편안하게 하는 데 도움이 된다. 여기에서 말하는 셀프 마사지는 요가 수업 중 사바사나(송장 자세)에서 처음 접했던 마사지를 말한다. 사바사나는 등을 대고 똑바로 누워 팔과 다리를 쭉 펴고 있는 것으로, 수업의 맨 마지막에 하는 동작이다. 이전 동작들에서 생성된 에너지를 통해 치유되고 새로운 활력을 얻게 해주기 위한 과정으로, 셀프 마사지를 하고 나면 아주 편안해지면서 흡족한 기분이 든다. 언젠가 수강생들이 이런 사바사나 자세로 쉬고 있는데 요가 강사가 강의실을 돌며 모든 수강생의 목, 어깨, 손을 부드럽게 마사지해준 적이 있다. 마사지를 받은 후 나는 그녀와 같이 살면서 항상 마사지를 받고 싶은 마음이 간절했다.

셀프 마사지는 기분이 아주 좋을 뿐만 아니라 고통, 스트레스, 근육 긴장을 감소시키고 혈액 순환과 치유에 도움이 된다. 정식으로 명상을 하기 위해 자리를 잡고 앉아 있을 때 미묘한 신체 감각에 주의를 돌리는 것처럼, 셀프 마사지도 특정 신체 부위에 주의를 집중해서 긴장 상태에 있는 부위를 더 따뜻하게 돌보면서 스스로에게 절실히 필요하던 애정이 담긴 보살핌을 베풀어주는 것이다. 나는 이런 마사지를 남편과 아이들에게 해주고 있는데, 나 자신에게 해주는 것도 좋지 않을까?

마음챙김 실천법

내 몸에 감사하는 셀프 마사지

두피부터 시작해 머리를 빙 둘러 작은 원을 그려가며 부드럽게 마사지를 하고, 눌렀을 때 특히 아픔이 느껴지는 압통점에 주목한다. 엄지와 검지로 작은 원을 앞뒤로 그리는 식으로 관자놀이를 부드럽게 마사지해준다. 눈과 눈썹 주변의 뼈를 살짝살짝 눌러가며 위턱과 아래턱이 만나는 볼 부분까지 내려온다. 그다음에는 척추 쪽에서 머리를 받쳐주고 있는 목 부분 위쪽으로 손을 가져가 살짝 튀어나온 뼈를 느껴본다. 그 밑으로 천천히 내려가며 목을 마사지하다 잠깐씩 멈춰 압통이 느껴지는 부분이 있는지 주목한다. 누르는 강도를 조금씩 조정하며 그 순간의 느낌에 주목해본다. 이번엔 손가락으로 어깨를 짚어가면서 뭉친 곳은 없는지 꾹 눌렀다 풀어줬다 한다. 마사지 중에 배회하는 마음에도 주의를 기울여 이런 자기돌봄의 의식으로 마음을 다시 데려온다. 아이들에게 하는 것처럼 자신의 그 놀라운 몸에 대해 사랑과 감사의 자세를 끌어낸다.

음악이 가져다준 긍정적인 마음의 변화

필요한 것이라고는 한 잔의 차와 조명 그리고 음악뿐,
내가 반복해서 외우는 주문은 집중과 단순함이다.
-스티브 잡스

새벽 4시 나는 수면 부족과 위산 역류로 경련이 온 생후 3개월 아기의 그칠 줄 모르는 울음에 녹초가 되어 있었다. 아들의 그 작은 몸을 품에 안고 왔다갔다 해보고, 천천히 흔들어 달래주다가 나도 그만 울음을 터뜨리고 말았다. 딸아이를 키운 경험이 있었기에 나는 정신이 혼미하면서도 마음 한구석에서 이 또한 지나가리라는 생각을 억지로 끌어내고 있었다. 하지만 이 조그만 아이가 몇 시간째 그 사랑스러운 얼굴을 찡그리며 아파 울고 있는데 달래줄 방법이 없는 상황에서는 그 생각에 매달리기가 쉽지 않았다.

나는 아이를 달래보려 지칠 대로 지쳐 흐릿한 정신 속에서 떠올릴 수 있는 자장가를 모두 불러주었지만, 아이의 울음은 그칠 줄 모르고 계속되었다. 잠시 후 한계에 다다른 나는 잠과 고요함과 위안이 절실한 엄마인 나 자신을 진정시키기 위한 것일지도 모를 노래를 부르기 시작했다. 그리고 그 노래 가사가 내가 붙잡을 수 있는 동아줄이 되어 피곤함과 완전한 무력감으로 얼룩진 관점에서 벗어나 새로운 관점을 나에게 환하게 비춰주었다. 나는 깊은 감정이 담긴 그 노래를 불렀다.

당신에게 이 말을 해도 될까요
지금이 당신의 삶에서 최고의 순간이라고
이 말을 해도 될까요
이 시간은 당신에게 은총이 내려진 순간이라고
그 은총이 눈이 멀 정도로 밝게 빛나고 있다고
고개만 돌리면 뭔가가 보이기 시작할 거예요
지금까지 보이지 않았던 수천 가지 이유가
내가 왜 당신에게
지금이 당신의 삶에서 최고의 순간이라고 말하는지 그 이유가

음정도 안 맞는데다 피곤하고 감정에 복받쳐 쉬고 갈라진 목소리로 이 노래를 부르는데 눈물이 천천히 뺨을 타고 흘러내렸다. 눈물을 흘리면서도 내 입가에는 미소가 지어졌다. 시적인 그 가사가

다시 힘을 내게 해주었기 때문이다. 나는 고개를 돌려 새로운 시각으로 사랑스럽고 작은 아기를 있는 그대로 바라보았다. 그 아이는 내 인생에 찾아온 기적이자 내 삶의 가장 큰 은총이었다. 그리고 나는 다시 한 번 깨달을 수 있었다. 언젠가 이 밤을 되돌아보면 힘들게 쩔쩔매면서 아이를 달래던 이 시간을 그리워하게 되리라는 사실을 말이다.

마음챙김 실천법

부정적인 시각 바꾸기

자신이 부정적 기분이나, 불편한 입장이나, 어려운 상황에서 빠져나오지 못하고 있는 것처럼 느껴지면 스스로에게 이렇게 물어보자. 이런 상황을 다른 관점에서 바라볼 수도 있지 않을까? 더 넓은 관점에서 바라보면 더 많은 경외감과 감사함이 깃들어 있지 않을까? 이런 관점의 변화가 억지로 한다고 되는 일은 아니지만 이런 질문을 던져볼 마음을 갖는다면 한 걸음 물러나 그 상황에서 얻을 수 있는 교훈을 발견할 수 있을 것이다.

생산성 중독에서 빠져나오기

명상은 일종의 미세조정 방법이다.
가장 선명하고 잡음 없는 방송국 주파수,
즉 자신의 영혼을 찾을 때까지 가만히 앉아
조정하고 조정하고 또 조정하는 것이다.
-엘리자베스 레서

우리는 누구나 저마다 다른 성향을 가지고 있다. 자신의 그런 성향을 의식하고 있으면 마음을 챙기는 방향으로 한 걸음 더 나아갈 수 있다. 이번에 소개하는 실천법은 선천적으로 의욕이 낮은 성향을 타고난 이들보다는 잠시도 가만히 있지 못하는 활동적 성향을 가진 이들에게 도움이 될 것이다. 이런 성향이라면 내가 아는 바쁜 엄마들 대다수가 그렇듯 사실상 가만히 앉아 있을 수 있는 때라고는 아이들을 차에 태우고 운전을 할 때나 화장실에서 볼일을 볼 때나 길고 정신없이 보낸 하루를 마무리할 때뿐일 것이다.

전업주부 에이미는 죄책감에 사로잡혀 항상 조금도 쉬지 않고 바쁘게 하루를 보내게 된다고 한다. 언젠가부터 생산성을 중요하게 여기는 사회 분위기에 젖어 자신도 모르는 사이에 하루에 더 많은 일을 해야 한다는 문화적 메시지를 내재화하게 되었고, 그 때문에 잠깐이라도 하던 일을 멈추고 앉아서 쉬면 자신이 해야 할 역할을 제대로 하고 있지 않은 것처럼 느껴진다고 했다. 하긴, 나도 지금껏 소파에 드러누워 캔디를 오물오물 씹어 먹으며 하루를 보내는 전업주부를 본 적이 없다. 에이미는 특히 더 그런 생활과 거리가 멀었다. 하지만 이는 생산성을 중요시하는 문화적 메시지를 잘못 이해하는 것이다(사실 우리가 말하는 '생산성'이란 '생산성'이라고 쓰고 '바쁨'이라고 읽는 것이 맞을 듯하다). 무기력과 완전히 기진맥진해진 상태에서 재충전하기 위해 잠시 멈춰 가만히 있는 것은 크게 다르다. 우리가 잠시라도 쉬는 것을 비생산적이라 여기고 행동하고 느끼는 건 순전히 문화에 길들여진 탓이다.

워킹맘인 미셸은 저녁에 퇴근해서 활기 넘치는 집으로 돌아오면 조금도 여유 시간이 없는 기분이 든다고 한다. "좀 앉아 있으라고요? 지금 장난해요?"라며 미셸이 실소를 터뜨린다. 이런 잘못된 생각에 빠지게 되는 마음은 나도 이해한다. 수년 간 마음챙김 명상을 수행해온 나도 여전히 그런 생각에 사로잡힐 때가 있다. 잠깐이라도 앉아서 쉬다가는 잠깐 눈을 붙이려다가 깊이 잠들어버릴까

봐 걱정하는 마음 역시 잘 알고 있다. 이건 바쁜 엄마들이라면 누구나 경험하는 부작용 중 하나이다.

이렇듯 만성 스트레스가 지속되어도 이상하지 않을 만큼 정신없는 삶의 속도를 늦추기 위해서는 하던 일을 멈추고 앉아서 쉴 줄도 알아야 한다. 잠깐의 휴식으로도 한동안은 엄마 역할의 배터리를 충분하게 재충전해 더 순조롭고 더 즐거운 저녁 시간을 갖게 될 수 있다.

마음챙김 실천법

가만히 쉬면서 에너지 충전하기

가만히 못 있고 계속 몸을 움직이는 성향이라면 가만히 앉아서 쉰다는 것이 아주 힘들게 느껴질 수도 있다. 하지만 이 방법은 충분히 실천해볼 가치가 있다. 단호하되 부드럽게 스스로를 가만히 앉아 있게 단련시키는 것은 에너지가 넘쳐서 잠시도 가만히 있지 못하는 강아지를 훈련시키는 것과 흡사하게 느껴질 수 있다. 그런 강아지를 훈련시킬 때처럼 대개는 끈기와 쾌활함, 그리고 상당한 양의 특별 선물이 필요하기 때문이다.

편안하게 앉아 있을 만한 자리를 찾아보자. 앞으로 몇 분 정도는 방해를 받거나 누가 말을 걸어올 일이 없는 곳이 이상적이다. 어쩔 수 없이 어수선한 와중에 앉아 있어야 한다면 그렇게 해도 된다. 깊게 숨을 들이쉬고 내쉬길 몇 번 반복하며 어깨를 내린다. 배와 다리의 긴장을 풀고 원한다면 입꼬리를 올려 미소를 띠어도 좋다.

가만히 있는 것에 주의를 기울인다. 그러고 있으면 기분이 끝내주고 호사를 누리는 느낌이 들 수도 있다. 가만히 있지 못하고 일어나 움직이고 싶은 충동이 치밀어 참을 수 없는 지경에 이를 수도 있다. 에너지가 넘치는 강아지에게 새로운 기술을 가르치는 것처럼 움직이고 싶은 마음을 이겨내고 앉아 있도록 자신을 조금씩 단련시키려 노력해보자. 다정하되 단호한 태도를 유지하는 것이 무엇보다 중요하다. 시간이 지나면 이 과정은 차츰 더 쉬워질 것이다. 계속해서 몸의 긴장을 풀고 쉬면서 스스로에게 재충전할 기회를 주자. 그날의 다음 할 일을 시작할 때에는 어느 정도 에너지가 충전되었는지 확인해보고 그렇지 않을 경우 이 마음챙김 실천법을 반복한다.

스트레칭,
내 몸의 균형 찾기

가장 축복받는 사람이 되려면
가장 감사하는 사람이 되어라.
-C. 쿨리지

나는 아이가 태어난 후, 줄곧 아침형 인간으로 생활했다. 내가 아침형 인간이라는 사실을 아이를 낳은 후에야 깨달은 것일 수도 있고, 아이를 기르는 과정에서 아침형 인간으로 혹독하게 길들여지고 세뇌되어 그런 나 자신에 아주 만족하고 있는 것일 수도 있다. 어느 쪽이든 나는 거의 매일 날이 밝기도 전에 일어나고, 그 때문에 오후만 되면 벌써부터 기력이 빠지곤 한다. 사무실에서 심리 상담을 하는 날이면 다음 환자를 맞기 위해 아래층으로 내려갈 때를 제외하면 몸을 움직일 일이 거의 없다. 그러다 기운이 처지는 느낌이 들면 '스트레칭으로 내 몸을 깨우기 실천법'을 활용할 때가 많은데,

스트레칭을 하고 나면 바로 몸과 마음에 활기가 돌아 새삼 놀란다.

갓난아기를 키우는 엄마들도 마음을 챙기며 움직일 필요가 있다. 너무 많은 시간을 작은 아기를 품에 안은 채 보내기 때문이다. 나는 갓난쟁이를 안고 다니고, 위아래로 얼러주고, 골반 쪽에 아기를 기대게 한 채로 안고 있던 시기에 내 몸의 균형을 맞추기 위해 왼쪽과 오른쪽으로 방향을 번갈아가며 안아주려고 했는데, 잘 쓰지 않는 왼쪽 팔을 쓸 때면 몸놀림이 서툴렀다. 아이들이 걸음마를 떼고 혼자 걸어다니게 된 이후로도 몸의 균형이 다시 잡히기까지 몇 달이 걸렸다.

이 책을 쓰기 위해 몇 시간씩 컴퓨터 앞에 붙어 있을 때도 어린 아이들을 돌보던 때와 같은 기분이 든다. 글을 쓰는 데 전념해 있다 보면 시간이 훌쩍 지나가버린다. 그러다 주변 상황에 대한 의식이 되살아나면 목과 등의 근육이 점점 굳어지고 있으니 쭉쭉 당겨서 풀어달라는 내 몸의 외침을 뚜렷하게 들을 수 있다.

품 안에 안긴 아기든 책상 위에 놓인 컴퓨터 키보드든, 한 가지에 집중하다 보면 집중하는 대상을 향해 몸을 앞으로 굽히게 된다. 너무 오래 그런 자세를 유지하다 보면 허리를 펴 몸을 뒤로 젖히고 고개를 들고 가슴과 어깨를 펴서 다시 몸의 균형을 잡아주어야 한다. 이와 마찬가지로 기운을 북돋거나 굳은 몸을 풀어주거나 균형을 잡아야 할 필요가 생길 땐 '스트레칭으로 내 몸을 깨우기 실천법'이 도움이 될 것이다.

마음챙김을 수행하면 할수록 우리 몸과 몸의 미묘한 감각 및 패턴을 더욱 잘 의식하게 된다. 우리 몸은 움직이길 원한다. 한참 동안 아이를 안고 있거나 가득 찬 세탁 바구니를 나르거나 몇 시간째 컴퓨터 앞에 앉아 있은 후에는 자신의 몸을 위해 스트레칭 실천법을 이용해보자. 그러면 스스로 그런 방식으로 몸을 움직여주는 것에 고마워할 것이다.

마음챙김 실천법

스트레칭으로 내 몸을 깨우기

일어선다. 머리와 목부터 시작해 아래로 내려가 발목과 발에 이르기까지 모든 부위를 차례로 스트레칭해준다. 머리를 양쪽 방향으로 천천히 돌린 다음 어깨를 앞쪽과 뒤쪽으로 돌려준다. 두 팔을 머리 위로 올려 최대한 쭉 뻗은 다음 몸을 좌우로 천천히 굽혔다 펴준다. 자신의 몸을 존중하면서 편안한 한도까지만 스트레칭한다. 허리를 좌우로 틀어주었다가 앞으로 숙이면서 머리는 힘을 빼고 자유롭게 둔다. 손목을 돌리고 손가락을 쭉 뻗는다. 스쿼트 동작으로 앉았다 일어섰다 하면서 다리의 근육을 깨워준다. 발

몸을 돌리고 발을 안쪽으로 쭉 당겼다 바깥 쪽으로 쭉 뻗는다. 몸의 모든 부위에 주의를 기울이며 잠깐 몸 전체를 다시 훑는다. 잠깐 멈춰서 특히 당기거나 아프거나 불편한 부분에 주목해 그곳을 주의 깊게 한 번 더 스트레칭해준다. 이 과정을 모두 끝낸 후에는 몸과 마음의 에너지 수준에 주의를 기울여본다. 어디에서 어떤 변화가 어떤 식으로 일어났는가? 자신의 몸에 관심과 주의를 기울이는 것은 당연한 일이며, 그럴수록 더 많은 에너지를 얻을 수 있음을 기억해야 한다. 모든 사람에게는 더 많은 에너지가 필요하다.

빨래를 하며 상상하는 행복한 미래

당신이 잘하는 일이라면 무엇이든

행복에 도움이 된다.

-버트런드 러셀

솔직히 말해서 나는 빨래를 싫어하지 않는다. 하지만 대다수의 바쁜 엄마들에게는 빨래가 아주 버거운 집안일처럼 느껴질 것이다. 하지만 나는 빨래를 버겁게 느껴본 적이 없다. 내가 이렇게 느끼는 이유는 웬만해선 빨래감을 분류해놓지 않기 때문일지 모른다. 나는 빨래감을 그냥 한곳에 모두 던져놓고는 잘 될 거라고 낙관한다. 나에겐 빨래가 쉽게, 그리고 짧은 시간 안에 마칠 수 있는 일이다. 하루에 적어도 한 번은 한 무더기의 빨래를 하지만, 지금까지 빨래는 나에게 즐거운 일이었다. 어린 아들의 방 벽에 붙어 있는 키재기 자처럼 세탁 바구니의 빨래감 규모도 우리 가족 구성원의 성장과 변화를 보여주는 증표다.

딸이 막 태어났을 당시에 나는 갓 빨래한 냄새가 풍기는 작은 아기 옷들과 신기하게 느껴질 만큼 작은 딸아이의 양말을 보며 가슴이 벅차오르곤 했다. 시간이 지나면서 점점 커지는 딸의 옷을 앉아서 개고 있으면 시간이 흐르는 것을 보는 것만 같았다. 이제는 딸 옷이 어느새 내 옷의 사이즈와 같아져 누구 옷인지 구분하기 힘들 정도이다. 마침내 모녀가 옷을 같이 입을 수 있는 때가 된 것이다. 야호!

요즘엔 아들의 옷이 하루가 다르게 커지고 있음을 새삼스럽게 느끼고 있다. 앉아서 아들 옷을 개고 있으면 '이 옷들의 사이즈가 남편의 옷 사이즈에 못지않게 커질 시간이 순식간에 다가오겠지' 하는 생각과 함께 마음이 미래를 향해 떠가곤 한다. 그러다 미래에 대한 생각에서 빠져나오면 아직 아들의 빨래를 개고 있는 이 순간에 감사한 마음이 든다.

마음챙김 실천법

행복한 마음으로 빨래하기

빨래를 분류하고 개는 중에 잠깐 시간을 내서 잠시 멈

춰 심호흡을 하는 시간을 가져본다. 서둘러 빨래를 개지 말고 조금만 속도를 늦춰서 옷 하나하나의 촉감을 느껴본다. 갓 빨래한 옷의 기분 좋은 냄새에 주의를 기울인다(특히 십대 아들을 두었다면 그 냄새가 라커룸 냄새로 바뀌기 전에 갓 빨래한 냄새를 충분히 즐겨보는 것도 좋다). 정리한 옷들을 각자의 위치에 가져다놓을 때는 가족 각자에게 고마움을 표하며 애정 어린 소망을 빌어주는 시간을 가져본다. 자신의 생각을 주의 깊게 살피며 생각이 자신을 어디로 데려가는지에 주목한다. 자신의 생각을 비판적으로 따질 필요는 없다. 그저 가만히 지켜보다 다시 빨래의 촉감으로 주의를 돌리면 된다. 필요한 만큼 이 과정을 반복해보자.

혼자 하는 요가 vs.
아이와 함께하는 요가

물을 말은 그리 많지 않다.
"당신은 올바른 양육을 하고 계신가요?
그러니까 아이가 커서 되고 싶은 그런 어른인가요?"
-브렌 브라운

네 살배기 아들이 옆에 있을 때는 요가에 진지하게 임하는 것이 쉽지 않다. 아들은 요가를 하는 내 모습이 마치 인간 정글짐처럼 보이는 모양이다. 가령 내가 '다운독' 자세를 하면 마치 내가 런던교라도 되는 것처럼 위로 기어오르거나 밑으로 기어다니고, 내가 '업독' 자세를 하고 천장을 응시할 때는 입술을 내밀고 입을 쪽 맞춰 준다. '캣카우' 자세를 취하면 내가 말이라도 된 것처럼 등에 올라타고, 내가 등을 젖히면 바로 비행기 타기 놀이의 자세를 취한다.

때로는 장난감을 이용하기도 하는데, 삼각형 자세를 잡고 있을 때면 내 다리가 경사진 철길이라도 되는 것처럼 꼬마 기관차 토마스와 토마스의 친구 퍼시를 내 다리에 올려놓고 움직인 게 한두 번이 아니다. 미니 모형 자동차들이 내 머리카락에 엉켜 한참 고생한 적도 있어서 물구나무서기 자세를 할 때는 무슨 일이 있어도 방해하지 말라고 단호하게 말하기도 했다.

때로는 우리가 좋아하는 요가 음악 CD를 꺼내기도 한다. 재능이 많은 나의 친구 키라 윌리가 만든 아동용 CD인데, 키라가 만든 노래들은 음악에 맞춰 마음챙김을 수행하도록 구성된 재미있는 요가 동작도 함께 만들어져 있다. 아들은 키라의 노래 가사들을 다 외우고 있다. 나는 두 아이와 함께 키라의 노래에 맞춰 몸을 움직이고 춤추던 순간들을 생생하게 기억하고 있다.

나는 요가를 하다가 몸을 다치는 일이 없도록 일주일에 한 번씩 전문강사에게 요가 수업을 받고 있다. 아들이 자고 있거나 다른 놀이에 정신이 팔려 있는 동안에는 집에서 혼자 요가를 하기도 한다. 아들이 옆에 있을 때도 오래 요가를 이어갔으면 좋겠다는 기대는 이미 포기한 지 오래지만 함께 요가를 할 기회라면 기꺼이 환영이다. 아들과 함께 요가를 하는 것이 재미도 있을 뿐만 아니라 수련을 하는 데에도 도움이 되기 때문이다. 아들이 같이 있으면 혼자 할 때와는 사뭇 달라지지만 여전히 용케 심호흡을 하면서 긴장된 근육을 스트레칭할 수는 있다. 그 무엇과도 바꾸고 싶지 않은 시간이다.

마음챙김 실천법

아이들과 함께 요가를!

혼자 하는 요가와 아이들과 함께하는 요가를 두루두루 해보길 권한다. 둘 다 저마다의 장점이 있다. 요가를 해본 적이 없다면 그 분야에 해박한 강사가 지도해주는 요가 수업을 찾아보는 것도 좋다.

요가는 몸을 움직이는 명상으로, 다양한 방식으로 마음챙김 수행을 할 수 있는 아주 좋은 방법이다. 많은 초보자들이 요가를 하기 위해서는 몸이 유연해야 한다는 잘못된 생각을 가지고 있다. 지금 당장 수업을 받으러 다닐 여유가 없더라도 유튜브를 보면 단계별로 요가 지도 동영상이 셀 수 없이 많이 올라와 있다. 아이들 때문에 혼자만의 시간을 내서 요가를 하기 힘든 경우엔 아이들에게 한동안 엄마를 방해하지 말라고 분명하게 말해두자. 요가는 자기돌봄을 행하는 다양한 방법을 보여주기에 좋은 활동이다.

요가를 시작하기 전에 그 순간에 자신과 아이들에게 필요한 자세가 무엇인지 스스로에게 물어보자. 여유 있게 마음을 가라앉혀주는 자세인가, 힘차고 에너지를 분출하는 자세인가? 조용히 있고 싶은가, 음악을 들으며 하고 싶은가? 가벼운 기분으로 재미있게 요가 동작을 계속 해보자. 몸을 움직이다 이따금씩 멈춰 신체 감각의 변화에 주목해보자. 심장이 더 빨리 뛰고 있는가? 몸이 더 따뜻해진 것 같은가? 더 기운이 나는 것 같은가? 더 차분해진 것 같은가? 혹시 아이가 얼굴에 미소를 짓고 있지는 않은가? 그렇다면 틀림없이 당신도 미소를 띠고 있을 것이다. 나마스테.

요리하는 순간의 마음챙김

도전은 인생을 흥미롭게 만들며
도전의 극복이 인생을 의미 있게 한다.
-조슈아 마린

20대 초반에 나는 대학 때문에 필라델피아로 이사를 간 소꿉친구를 만나러 자주 그곳에 가곤 했다. 우리는 사우스 스트리트의 그리스식 레스토랑에 자주 들렀는데, 그곳에서 맛있는 정통 지중해 음식을 먹으며 검은 머리에 올리브색 피부를 가진 멋진 남자에게 호감을 갖게 되었다. 나는 친구에게 요리를 잘하는 그리스 남자와 결혼하면 행복할 것 같다는 농담도 자주 했다.

운이 좋게도 내 남편은 반은 그리스인이고 요리도 곧잘 하는 편이다. 우리 집에서 주로 요리하는 사람은 내가 아니다. 남편은 어떤 재료든 이미 집에 있는 것들을 이렇게 저렇게 조합해 맛있는 요리를 뚝딱 만들어내는 재주가 있다. 내가 바라던 대로 요리를 잘하는 남자를 만났다는 점에서 나는 정말 운이 좋은 것 같다. 반면에 나는 레시피를 따라 재료를 꼼꼼히 맞춰 요리하길 좋아한다. 그래서 우리 가족은 내가 저녁 요리를 맡는 날엔 조금씩 다른 변형의 샐러드, 구운 채소, 파스타, 그리고 당연히 그리스식 시금치 파이가 저녁 메뉴에 오르리란 걸 뻔히 예상할 수 있다.

마음챙김 실천법

사랑과 감사의 마음으로 요리하기

당신은 지금도 이미 가족을 위해 요리하는 일을 즐거워하고 있을 수도 있다. 하지만 요리를 싫어하고 '벌써 저녁 시간이 다 됐네! 오늘은 저녁으로 뭘 만들어야 하나?'라는 생각이 들며 매일 오후 5시가 끔찍하게 느껴진다면 이 마음챙김 실천법을 시험 삼아 해보며 요리를 할 때의 마음가짐이 변하는지 확인해보자.

음식 준비를 시작할 때 깊이 숨을 들이쉬며 요리를 하는 모든 과정에 온 주의를 기울인다. 음식 재료들이 어떻게 재배되고 수확되고 운송되어 이곳까지 왔을지 그 모든 과정에 주의를 모아본다. 가족에게 이렇게 영양분 있는 음식을 먹일 수 있는 환경에 감사한 마음을 가질 수도 있다. 가족에게 먹을 것을 만들어주는 일을 가족에 대한 당신의 사랑을 보여줄 수 있는 또 하나의 방법으로 생각해보자.

모든 마음챙김의 방법이 그렇듯, 마음챙김의 자세로 음식을 하는 과정 역시 의식에 미묘한 변화를 가져온다. 재료를 씻고 썰고 조리할 때 재료 하나하나의 냄새를 맡고 질감도 느껴보자. 마음이 다른 곳을 배회하려 하면, 다시 따뜻한 마음으로 천천히 음식의 향이나 모양에 주의를 집중한다. 요리 중에 맛을 볼 때는 천천히 그 맛을 음미하며 한 입씩 먹어볼 때마다 마음챙김을 수행한다. 매주 하나씩 새로운 요리를 만들어보며 호기심과 모험심을 발휘해보는 것도 좋다.

물론 아이들에게 함께 요리를 만들어보자고 하는 것도 좋은 방법이다. 아이들은 함께 요리를 할 경우 편식을 하지 않고 더 다양한 음식을 먹게 되기 때문이다. 다양한 방법을 이용해 요리에 흥미를 갖고 요리 과정에 온 의식을 기울이며 어떤 일이 일어나는지 살펴보자. 그럼 Kalí óreksi!(그리스어로 '맛있게 드세요'라는 뜻).

감기몸살이 가져다준 행복의 기회

다 끝내고 나서 쉬려 하다간
죽을 때까지 평생 쉬지 못한다.
-웨인 멀러

내가 이 책을 쓴 이유는 삶에 마음챙김을 불어넣을 때 따라오는 커다란 변화를 많은 엄마들에게 알려주고 싶은 마음 때문이었었다. 하지만 숨김없이 말하자면 나 자신을 위한 것이기도 했다. 이 책을 쓰면서 마음챙김을 통해 얻은 변화를 지속적으로 상기하려는 마음도 있었었다. 나에게도 그런 자극이 필요하기 때문이다. 사실, 나 역시도 느긋하게 여유를 가지라는 나 자신의 조언을 늘 실천하며 지내는 것은 아니다. 나에게도 그것은 여전히 힘든 일이다. 그래도 확실히 마음챙김 수행 덕분에 삶의 속도를 늦추고 있으며, 그것이 내가 마음챙김 수행에 마음이 끌리는 이유 중 하나다.

《한도 초과: 위기에 놓인 미국의 엄마들Maxed Out: American Moms on the Brink》의 저자 카트리나 알콘Katrina Alcorn은 아이를 키우는 엄마들 사이에서 흔한 병원 입원 환상에 대해 얘기한 바 있다. 실제로 신체적으로 혹은 정서적으로 한계에 이르러 병원에 입원하면 좋겠다는 생각마저 품게 되는 엄마들이 많다. 큰 병으로 몸져눕길 바라는 것이 아니라 며칠 푹 자면서 쉬는 시간을 가질 수 있을 만큼만 아프거나 다치길 바라는 것이다. 이런 생각이 어처구니없게 들릴 사람도 있을 것이다.

그렇다면 이렇게 생각해보는 건 어떨까? 병원에 입원해 있으면 중간에 깰 일 없이 푹 잘 수 있을 뿐만 아니라 하루 세 끼가 꼬박꼬박 침대로 배달된다. 깨끗한 침대보에 기댄 채 누구의 방해도 없이 밥을 먹을 수도 있다. 솔직히 고백하자면, 사실은 나도 한때 너무나 잠이 부족한 나머지 이런 입원 환상에 빠졌던 적이 있다. 아마 모든 엄마들이 입원 환상이라는 것이 존재한다는 사실과 그 심정을 이해할지도 모른다. 이런 환상은 엄마들이 얼마나 힘들면 이런 불가능한 기대를 품고 있는지 가슴 사무치게 보여주는 대목이다. 엄마들 중 대다수가 휴식이 절박하지만 병원에 입원할 만큼 아파야만 쉴 수 있다는 것은 분명한 사실이다.

나는 이런 사실에 대해 따지려는 게 아니라 그냥 엄마들의 반응을 그대로 보여주고 싶을 뿐이다. 나 역시 정말로 아프지 않는 한 소파에서 빈둥거리며 영화를 보며 시간을 보내기 힘들어하는 사람이다. 다른 중요하거나 가치 있는 일들이 너무 많은 것 같아 아무것도 하지 않고 있는 시간을 견디기 힘들다. 왜 나는 몸이 편치 않아야만 그날 아무것도 안 해도 괜찮다고 여기는 걸까? 다른 엄마들과 마찬가지로 나 역시 아직 완벽하지 못하기 때문이다.

그래서 감기나 몸살에 걸려 몸이 아픈 날에는 어쩔 수 없이 느긋한 시간을 가지려 애쓴다. 감기가 삶의 속도를 늦추라며 몸이 보내는 신호임을 인정하고 그 사실을 스스로 상기하기 위해 노력한다. 그렇게 아프지 않았다면 갖지 못했을 휴식 시간을 어쩔 수 없이 갖게 되었을 뿐만 아니라 판에 박힌 매일의 일과에서 물러나 성찰의 시간을 가지며 삶의 균형을 찾을 기회를 얻었다고도 본다.

아이들이 아픈 날에도 마찬가지다. 그날 예정된 일정에 따라 처음에는 투덜거릴 수도 있다. 아픈 아이 옆에 있어주기 위해 그날 예약된 여덟 명의 환자에게 일일이 연락해 진료 시간을 재조정해야 하는 번거로움과 막판에 진료를 취소하게 된 점 때문에 죄책감으로 마음이 편하지 않다. 하지만 얼마 지나지 않아 감기 같은 경미한 증상으로 아픈 것이 얼마나 다행스러운 일인지 생각하게 된다. 이어서 그 시간을 아이를 더 많이 안아주고, 영화도 보고, 아무 일도 하지 않을 수 있는 반가운 기회로 바라보기 시작한다. 그러면 느긋한 시간을 가지며 아이와 함께 있는 일이 기분 좋게 느껴진다. 삶의 우선순위가 바뀌고 태도가 바뀌는 것이다. 그리고 두통과 인후통에도 불구하고 기분이 좋아진다. 이렇게 시각을 바꿀 수 있다면 입원 환상 같은 건 필요하지 않을 것이다.

마음챙김 실천법

아픈 날에는 푹 쉬기

때때로 자신이나 아이가 몸이 아픈 날에는 최대한 느긋한 시간을 가지며 아이와 유대감을 쌓을 수 있는 기회로 반갑게 받아들여보자. 그날 예정되었던 일들을 재평가해 반드시 필요한 일만을 우선 처리한다. 머그잔에 뜨거운 차를 담아 이불 밑으로 들어가서 쌓인 잡지책을 보거나 낮 시간에 TV를 보기도 한다. 생산적인 시간을 보내고 싶은 충동이 일어도 뿌리치고 아이 옆에 바짝 붙어 시간을 보내고 아이의 요구에 응해주자.

운이 좋게도 아프지 않은 상태에서 장시간의 여유가 생긴다면 더없이 건강한 느낌 속에서 아픈 날처럼 휴식을 가져볼 만도 하다. 건강한 몸을 즐기며 콧물과 화장지 없이도 아파서 쉬는 날처럼 보내보자. 나도 언젠가 이런 휴식을 취해볼 생각이다.

나만을 위한
기쁨의 순간을 찾아라

부모의 이루지 못한 삶보다
아이들에게 심리적으로
더 강한 영향을 미치는 것은 없다.
-칼 융

5년 전 시어머니가 온순한 말에 올라타 느린 구보로 내 옆을 지나가며 우아하게 환한 웃음을 짓던 모습이 아직도 생생하다. 어머님이 암으로 세상을 떠난 지 3년도 더 되었지만 여전히 그 모습이 마음속에 새겨져 있다. 말을 타고 자신 있게 속보로 달리는 딸의 모습을 보고 있으니 더욱 그 모습이 떠오른다. 딸은 할머니의 말 사랑을 그대로 물려받았고, 새로운 승마 기술을 배우는 데 집중하느라 이마를 찡그리고 있는 딸의 얼굴에 이따금씩 시어머니가 지었던 것과 똑같은 웃음이 언뜻언뜻 번진다.

뒤로 기대 앉아 구경하고 있는 내 눈에 지금 딸이 몰입의 순간에 빠져 있는 것이 보인다. 기쁨의 순간이자 정말로 중요한 순간을 맞고 있는 것이다. 자신이 아주 좋아하는 무언가에 열중해 있는 상태에서 노력, 난관, 재능이 한데 어우러지는 그런 순간을 말이다.

우리 중에는 자신에게 기쁨을 주는 것이 무엇인지를 알고 엄마로서 하루하루를 바쁘게 보내면서도 그 기쁨을 용케 붙잡고 있는 사람들이 있다. 그런가 하면 아이가 태어나기 전 근심이나 걱정이 없던 날들에 누렸던 기쁨을 찾거나, 아직 그런 기쁨을 발견하지 못한 사람들도 있다. 내가 좋아하는 취미가 뭐냐고 물어보면 입을 살짝 벌리고 먼 곳을 응시한 채 대답을 하지 못하다가 놀라는 표정으로 나를 보며 "모르겠어요"라고 말하는 엄마들이 너무도 많다. 삶이 이런저런 일들로 너무 꽉꽉 채워지다 보니 때때로 삶에 자신의 기쁨을 채워 넣길 잊어버린 채 살아가는 것이다. 하지만 다시 시작하기에 너무 늦은 때란 없다.

나는 등산로를 거리낌 없이 달릴 때의 어린 아들과, 음악 작업에 열중해 있을 때의 남편에게서 그런 기쁨을 보게 된다. 내 경우엔 이른 아침에 자전거를 타러 나갈 때 얼굴에 서서히 미소가 퍼지는 걸 느낀다. 나는 자전거를 타고 힘들게 언덕을 오를 때 떨어지는 땀과 구불구불한 농로를 따라 내려갈 때의 속도감이 주는 스릴을 정말 좋아한다. 사방이 자연으로 둘러싸인 그 평온함과 고요함이 좋다. 따뜻하고 촉촉한 아침 공기, 맑고 상쾌한 낮 공기, 장갑을낄 만한 차가운 공기 모두를 사랑한다. 그곳은 나에게 행복을 주는 곳이며, 그 시간은 나 자신을 시험하면서 마음껏 즐길 수 있는 시간이다.

부디, 당신도 이런 행복과 즐거움을 느낄 수 있는 천국의 한 조각을 찾아 더욱 더 키워가기를, 그런 천국을 만날 시간을 내서 잘 지켜나가기를, 자신만이 몰입할 수 있는 것을 찾아서 풍요롭게 키워나가기를 바란다. 그러다가 혹시 길에서 자전거를 타고 있는 나를 보게 된다면 틀림없이 마냥 신나서 페달을 밟고 있는 얼굴에 아이 같은 미소를 머금고 있을 것이다.

마음챙김 실천법

나만을 위한 기쁨의 순간 찾기

자신이 열정을 가지고 몰입할 수 있는 일을 찾을 만큼 운이 좋은 경우라면 그 활동을 펼칠 시간을 내서 즐기면 된다. 분주한 삶을 살아가는 우리에겐 이런 몰입의 순간을 더욱 북돋워줄 만한 조건을 만들 필요가 있다. 그러기 위해 배우자를 동참시키거나, 베이비시터를 구하거나, 친구와 돌아가며 애들을 봐주는 것도 좋은 방법이다. 자신을 위해 귀한 시간을 할애하는 것이 이기적으로 느껴진다면 '자신에게 다정하게 말 걸기'(234쪽)를 다시 살펴보자.

이런 몰입 상태로 이끌어주는 것이 무엇인지 잘 모르겠다면 절로 미소가 지어지는 순간에 주목해보자. 어릴 때 좋아했던 활동은 무엇인가? 아이들이 태어나기 전에 좋아했던 활동은 어떤 것이 있는가? 시간 가는 줄도 모른 채 뭔가의 순수한 즐거움에 빠졌던 때는 없었는가? 바로 답이 떠오르지 않는다면 계속 자신을 관찰하고 시험하며 익숙한 삶에서 조금은 빠져나와보자. 그러다 보면 언젠가는 몰입하는 순간이 찾아온다. 그 순간은 느낌으로 알 수 있다. 당신에게 천국의 한 조각을 맛보여주는 열정을 발견하는 것은 마치 스스로에게 건강에 좋은 음식을 차려주는 것과 같다. 그 천국이 선사해주는 충만함 속에서 자신은 물론이고 가족들 역시 큰 기쁨을 느끼게 될 것이다.

이성을 잃고 버럭 한 후에 필요한 것?

자기연민은 실제로 동기부여에 도움이 된다.
… 당신이 아이가 아이스크림을 다섯 통이나
먹게 놔두지 않는 이유는 아이를 아끼기 때문이다.
자기연민을 갖고 당신 스스로를 아낀다면
당신에게 해로운 행동보다는
유익한 행동을 하게 되어 있다.
-크리스틴 네프

이성을 잃고 아이에게 소리를 지르거나, 홧김에 말실수를 하거나, 아이를 울리거나 가장 최악의 경우로서 아이의 휘둥그레진 눈에 공포로 놀란 눈빛이 어리게 했던 때가 기억나는가? 아마 기억하고 싶지 않을 것이다. 그 심정은 나도 이해한다. 이 대목을 쓰면서 나도 부끄러움이 밀려와 거북함을 느끼고 있다. 아마 누구에게나 그런 경험이 있을 것이다. 부모에게는 그런 큰 실수를 저지른 후만큼 최악의 순간도 없다. 아이가 얼마나 큰 잘못을 했든, 아이의 태도가 얼마나 짜증나거나 화나는 일이었든, 이성을 잃은 일과 그로 인한 여파는 모든 당사자들의 기분을 끔찍하게 만든다. 그리고 그 기분이 펼쳐지는 방식에 대해 마음을 놓치면 그 기분에서 벗어나지 못한 채 계속해서 가족과 자신 모두에게 상처를 주는 행동을 하게 될 수 있다.

내 경우엔 엄마로서 최악의 순간들이 심신이 모두 기진맥진해 있었을 때 일어났고, 이제는 그런 사실을 충분히 인지하고 있다. 내가 그랬던 것처럼, 피곤한 상태에서 어떤 상황에 대한 무력감까지 더해지면 위태로운 결과로 치달을 가능성이 훨씬 높아진다. 나의 아들은 어렸을 때부터 잠을 잘 자는 편이 아니었는데, 최근엔 그 나이대의 아이들이 으레 그러듯 공포와 악몽으로 밤에 한 번 이상 잠에서 깨곤 한다. 처음 며칠 동안은 아이가 자다 깨도 다정하게 안심시켜주며 내가 생각하는 이상적인 모습으로 아이를 잘 달래주었다. 남편이 충실히 자신의 차례를 지키고 있는 편이긴 해도, 나는 밤에 깨면 이런저런 생각들이 떠오르며 마음을 가라앉히고 다시 잠이 들기까지 시간이 걸리는 편이다.

그래서 밤에 세 번 정도 자다 깨면 한계에 다다른다. 그러면 어린 아들에게 가서 살살 안심시켜주는 게 아니라 생각 없이 무서운 엄마의 얼굴과 목소리로 짜증 섞인 말을 뱉어낸다. "그만 좀 해라!

잠 좀 자자고!" 엄마라면 누구나 인정하겠지만, 잠이 부족한 엄마는 무서운 엄마로 돌변하기도 한다. 하지만 이런 사실을 인정한다는 것은 곧 그것을 인지하고 있고 아주 신중을 기하려 최선을 다하고 있다는 얘기이기도 하다. 그럼에도 불구하고 마음챙김이 슬그머니 빠져나가면서 자신의 감정과 생각에 사로잡히게 되어 주의하지 않으면 자칫 폭풍 같은 부끄러움을 자초할 만한 상태에 놓일 때가 있다.

부끄러움과 죄책감에는 차이가 있다. 죄책감은 어떤 행동에 대해 배 속이 철렁 내려앉는 느낌이 드는 반면 부끄러움은 여러 가지 강한 신체 감각에 이어 자신이 어떤 사람인가에 대한 생각이 뒤따른다. '나는 어떤 엄마일까? 못된 엄마인 것 같아. 네가 무슨 짓을 했는지 좀 보라구.' 반면 죄책감은 고쳐야 하는 행동이 무엇인지를 깨닫게 하며, 불편하기는 해도 개선과 발전으로 이어질 여지가 있다. 부끄러움은 가슴에 묵직한 압박감이 오고 배 속이 울렁거리는 느낌과 더불어 자신을 질책하는 생각의 고리가 계속 이어지기까지 한다. 그 힘은 막강하다. 통제가 안 되는 걸음마쟁이가 한창 역정을 부리고 있는 것과 흡사하다. 우리가 주의를 기울여 그 문제를 신중히 다룰 방법에 신경을 쓰지 않으면 자칫 부끄러움이 제멋대로 삶을 휘두르기 쉽다.

문제를 신중히 다루기 위해서는 어느 정도 마음챙김의 상태에 있는 자의식이 무엇보다 필요하다. 다시 말해 자신에 대한 연민을 가져야 한다. 내가 연민 갖기를 강조하는 이유는 다음과 같은 중요한 사실을 놓치지 않길 바라기 때문이다. 자기연민이 없는 의식은 대체로 부끄러움이 더 많은 것과 같다. 그리고 부끄러움에 따라 생각의 악순환이 계속 이어진다.

하지만 부끄러움을 주목하고 받아들일 수 있으면 자신을 용서할 기회를 주게 된다. 그렇다고 다음에도 똑같은 방식으로 행동할 수 있는 무임승차권을 얻게 된다는 얘기는 아니다. 오히려 그 반대다. 이런 식의 자기반성과 주의는 자신의 행동에 책임지는 순간을 갖게 해주어, 다음번에 비슷한 상황이 벌어질 경우엔 이전과는 다르게 더 연민 어린 태도를 취하게 될 수도 있다.

앞에서 말한 것처럼 이성을 잃는 순간을 샤우나 샤피로Shauna Shapiro와 크리스 화이트Chris White는 '잘못된 조율misattunement'이라고 했다. 이처럼 엄마가 이성을 잃는 상태는 아이에게도 소중한 점을 배울 기회가 될 수 있다. 두 사람이 함께 쓴《마음으로 훈육하라Mindful Discipline》라는 책에는 다음과 같은 구절이 있다. "특히 감정이 요동칠 때, 잘못된 조율에서 회복해 아이와 다시 연결이 되면 아이는 엄마와의 연결이 끊어지더라도 다시 사랑하는 것이 가능하다는 믿음을 갖게 된다."

이성을 잃고 무서운 엄마로 돌변했던 순간, 나는 연민을 갖고 마음을 가라앉힌 후 어린 아들을 품에 안으며 내 행동을 사과했다. 그리고 다시 노력해볼 기회가 곧 있을 거라는 사실을 인식하고 나 자신을 용서해보려 했다. 이것이 바로 양육의 위기에 임하는 자세다. 전력을 다하며, 자신의 불완전함을 선뜻 인정하고 존중해 스스로에게나 아이에게 다음번엔 더 잘하기 위해 최선을 다하기로 진심으로 약속하는 것이다.

마음챙김 실천법

이성을 잃고 폭주할 때

대체로 그렇듯, 가장 좋은 첫 출발은 몇 번의 심호흡을 하며 (마음속의 부정적 생각의 고리보다는) 현재의 순간에 발을 붙이고 머무는 것이다. 깊이 들이쉬고 내쉬는 숨이 배와 가슴을 채웠다가 나가는 것을 느껴본다. 현재의 신체 감각에 주목한다. 가슴, 배, 머리 쪽이 현재 어떤 상태인가? 어떤 감정이 느껴지는가? 분노? 슬픔? 부끄러움?

손을 펴서 심장 위로 얹어 가슴에 와 닿는 손바닥의 온기를 느끼고 또 한 번 심호흡을 하면서 이 동작에서 느껴지는 자기연민과 다정함을 들이마신다. 처음엔 부자연스럽게 느껴지겠지만 그래도 괜찮다. 그런 느낌에도 주목해보자. 대다수 사람에겐 이런 방식으로 자신을 대하는 것이 낯설게 느껴지겠지만, 하다 보면 점점 쉬워진다.

아이들이 늘 배우고 성장한다는 것을 알고 당신의 아이를 대하듯 자기 자신을 대해보자. 부모들 또한 아직 완벽하지 않으며, 아이들과 마찬가지로 늘 배우고 성장한다. 때로는 자신이 미숙하게 느껴지고, 버거움과 좌절감이 드는 날도 있을 것이다. 지금 그런 날이 닥쳐 갑갑하다면 '마음챙김을 위한 주문 외우기'(146쪽)와 '나를 위한 칭찬, 마미 하이 파이브'(238쪽)를 다시 보면 도움이 될 수 있다.

이성을 잃고 감정적으로 폭발했던 여파를 무시하거나 그 여파와 마주하길 피하지 말고 한동안 사라지지 않고 맴돌 수도 있는 부정적 생각, 감정, 신체 감각 사이의 균형을 찾으려 노력해보자. 이성을 잃고 폭주했던 경험을 통해 뭔가를 배우면서 더 발전하도록 최선을 다하자. 마음챙김은 매 순간마다 새롭게 시작할 기회를 얻게 해준다. 심호흡을 하며 다시 시작하자.

나의 생일은 내가 먼저 축하하라

놓아준다는 것은
더 강하고 건전한 뭔가의 대가로
강요하거나 반발하거나 몸부림치길
포기하는 것이다.
-존 카밧 진

생일이든, 크리스마스든, 밸런타인데이든, 부모는 아이들에게 잊지 못할 기념일을 맞게 해주려 노력한다. 물론 우리의 뇌리에는 미디어에서 쏟아내는 완벽한 행동, 완벽한 헤어스타일 등 모든 면에서 완벽하리만큼 멋진 가족의 이미지들이 배어 있다. 그런 이미지에 혹해 어느 정도 그런 모습에 가까이 다가가기를 바라기도 한다. 대형 마트의 광고에서 맛있는 저녁이 (아주 깨지기 쉬운 자기 그릇에 담겨) 근사하게 차려진 식탁에 멋진 가족이 둘러 앉아 있고 아이들은 만면에 미소를 띠고 여유로운 기념일 식사를 즐기는 모습을 보면 왜 나는 저러지 못하나 싶어진다.

나는 이럴 땐 정신을 차린다. '아 참, 우리 가족은 현실 속 가족이라 완벽하지 않아.' 그리고 우리 가족의 사랑스러운 불완전함과 나이대에 맞는 행동을 모두 포용하기도 한다. 아니, 적어도 그러려고 노력한다. 그러면 현실적 기대치에 이르게 된다. 다시 말해, 기대치를 낮추는 것이다. 따지고 보면 우리를 가장 좌절하게 만드는 것은 조건 자체보다는 비현실적인 기대다.

생일을 예로 들어보자. 생일을 챙기는 일은 많은 문화에서 관습으로 자리 잡았지만, 한때 내가 나의 생일을 나서서 준비하는 건 좀 어색하게 느껴졌다. 하지만 나는 지난 몇 년 동안 나의 생일에 약간의 실망감을 느낀 끝에 내가 직접 나서기로 마음먹었다. 그래서 몇 년 전부터 생일을 자축하기 위해 하루 일을 쉬도록 스케줄을 잡는다. 나에게 생일은 어떤 선물을 받느냐가 아니라 그날 하루를 어떻게 보내느냐가 더 중요하다. 참고로 나는 생일파티보다는 밖에 나가 자연 속에서 노는 걸 더 바란다.

남편은 자기 식대로 내 생일파티에 자발적으로 동참해준다. 간단히 말해, 이른 아침부터 밖에 나가 지쳐버릴 때까지 장거리 트레일 러닝이나 하이킹과 자전거 타기를 하다 늦은 점심을 먹고 즐긴 뒤에 아이들이 있는 집으로 돌아오는 것이다. 그리고 그날 저녁에는 요리의 귀재인 남편이 요리한 집밥으로 가족끼리 오붓한 저녁을 먹은 뒤에 근처 아이스크림 가게에 가서 아이들이 불러주는 생일 축하 노래를 듣는다.

마음챙김 실천법

직접 기념일 챙기기

가장 중요한 것은 기대치를 낮추는 것이다. 무엇보다 자신의 뜻대로 할 수 있는 것과 없는 것에 주의해야 한다. 최대한 미리 계획을 세워둔다. 다른 누군가가 당신의 마음을 읽고 어떤 식으로든 알아서 해주길 기대한 채 손 놓고 기다려서는 안 된다. 자신이 품고 있던 이상에 어긋나는 누군가의 행동에 신경이 날카로워지거나 짜증이 나면 마음을 열고 그 사람과 그날의 이벤트의 불완전함을 받아들이려고 노력한다. 나중에 지난날을 되돌아보면 가장 불완전했던 순간이 가장 애틋하게 그리워지는 경우도 많다. 최소한의 준비를 해놓은 다음 그 나머지는 되어가는 대로 맡기자. 느긋이 기대 앉아 호흡을 하면서 지켜보고 함께 어울리며 즐기자.

제5장

"나는 잘하는 게 없는 엄마인 것 같아요."

모든 위대한 엄마를 위한
'자신감 UP' 마음챙김

하루하루를 바쁘게 살아가는 엄마들을 보면 스스로에게 지나치게 엄격한 기준을 들이대는 경우가 많다. 그리고 그런 기준에 미치지 못할 때는 스스로를 탓하며 죄책감과 좌절감을 느끼기도 한다. 하지만 스스로 생각하는 완벽하고 이상적인 엄마의 모습은 드라마에나 나오는 환상일 뿐이다. 때로는 아이에게 버럭 화를 내고 집 안에 먼지가 조금 굴러다니더라도 모든 엄마는 충분히 존중받을 만한 자격을 가지고 있다.

이번 장에서는 엄마로서 무너져가는 자존감과 자신감을 되찾아줄 마음챙김 실천법을 살펴볼 것이다. 이 실천법을 통해 조금은 부족하더라도 자신의 노력을 스스로 인정하고 칭찬해주는 법을 배우게 될 것이다. 또한 완벽함에 대한 집착을 내려놓고 마음챙김의 상태에 한 걸음 다가가는 자신의 모습을 연민의 마음으로 바라볼 수 있게 될 것이다.

엄마의 죄책감이 보내는 진정한 메시지는?

죄책감을 느끼지 않는 여자가 있으면 보여줘라.
그러면 나도 그런 남자를 보여줄 테니.
-에리카 종

내가 장담하는데 모든 엄마들은 죄책감을 느끼고 있다. 그것도 지나칠 정도로 많은 죄책감을 떠안고 있을 것이다. '엄마의 죄책감mom guilt'을 나는 사랑스러운 갓난아기에 대한 사랑과 같이 느껴지도록 '뭘트muilt'라는 애칭으로 부른다. '뭘트'도 자궁 밖으로 아기를 따라 바로 나와 엄마의 가슴과 마음에 단단히 뿌리를 내린다. 그래서 전업주부 엄마든 밖에 나가 일하는 엄마든, 모든 엄마들은 어느 정도의 뭘트를 짊어지고 다닐 것이다.

엄마들의 내면에 존재하는 '뭘트'는 우리가 그것을 의식하든 의식하지 않든 시도 때도 없이 작동할 때가 많다. 그 때문에 엄마들은 '애들은 어떻게 하지? 내가 이러는 게 엄마로서 부족한 걸까? 너무 지나친 걸까?'라는 생각을 하곤 한다. 우리는 아이들의 양육에 대해 혼란스러울 만큼 다양하고 서로 엇갈리는 메시지들을 접하고 있다. '한순간도 방심하지 마라. 헬리콥터처럼 아이 주위를 맴돌아서는 안 된다. 아이를 최우선 순위에 둬라. 배우자가 가장 우선이어야 한다. 모든 것을 다 척척 해낼 순 없다. 모두 다 척척 해낼 방법이 있으니 당신의 친구, 커리어, 자원봉사 활동, 취미생활을 소홀히 하지 마라….' 대체 어쩌라는 말인가?

내 말을 오해하지는 않기를 바란다. 약간의 죄책감은 도움이 될 수도 있다. 죄책감을 갖고 있으면 자신이 원하는 삶의 방식에서 벗어날 경우에 경각심을 느낄 수 있다. 내 경우를 예로 들면, 나는 일에 너무 빠져 삶의 균형이 깨진 느낌이 들 때 살짝 죄책감이 들면서 내가 현재를 살고 있다면 시간을 어떻게 배분할지 다시 생각하게 된다. 그래서 가족들을 위해 더 많은 시간을 할애하고, 그렇게 하다 보면 바로 어느 정도의 안도감을 느끼게 된다. 그리고 이런 안도감은 내가 제대로 잘 살고 있다는 확실한 신호가 되어준다. 죄책감을 삶의 균형을 새롭게 조정해야 할 신호로 여기면 그 통찰력에 감사하며 죄책감 자체에 집착하지 않고 더 나은 방향으로 나아갈 수 있다.

하지만 죄책감이 지나쳐서 뭘트로 바뀌는 경우가 너무 많다. 말하자면 '요즘 너무 일에 매달려 있는 거 아냐. 엄마라는 사람이 잘

하는 짓이다. 너 자신의 조언을 따르는 게 좋을 거야. 함께 있어주는 시간을 늘려야 해…'라는 식의 생각을 갖게 되는 것이다. 대부분의 엄마들은 불필요한 길트에 너무 사로잡혀 자책과 자기비판에 빠져 웬만해선 자신의 긍정적 노력과 성과를 인정하지 않는 경향이 있다. 하지만 길트가 우리의 마음을 차지하도록 내버려두면 도움도 안 될 뿐더러 역효과까지 난다.

그렇다면 유익한 약간의 죄책감과 무익한 엄마의 죄책감을 어떻게 구분해야 할까? 신체 감각을 단서로 삼아 주목하면 된다. 마음챙김 수행을 할수록 비교적 미묘한 신체 감각을 더 잘 의식하게 되는데, 바로 이런 신체 감각에 우리의 내면에 대한 정보가 가득 차 있다. 자신의 감각이 바로 정보원이 되는 셈이다. 우리는 대체로 뚜렷한 불편함을 느끼지 않는 한 신체 감각을 의식하지 않는다. 하지만 더 세심한 주의를 기울이기 시작하면 끊임없이 밀려왔다 밀려갔다 하는 무수한 감각을 인지할 수 있다.

죄책감은 하나의 신호다. 일단 그 신호에 주의를 기울이면 사회로부터 외부적으로 부여된 의도보다는 자기 자신의 의도에 주의를 기울이게 된다. 몸이 자연스럽게 긴장을 풀기 시작한다. 기분이 더 편안해진다. 불쾌한 감각이 없어진다. 반면에 길트는 부끄러움이 그렇듯, 어디든 따라다니면서 엄마로서 부족한 게 아닐까 하는 인식에 대해 부정확한 비판을 줄기차게 이어가는 경향이 있다. 부끄러움은 불편한 기분을 일으키며, 대체로 메스껍고 불안한 느낌과 근육 긴장을 동반한다. 필트는 유익하게 행동하도록 북돋기보다 우리를 꼼짝없이 매어놓을 뿐이다.

꾸준한 마음챙김 수행을 통해 안정을 얻고 길잡이가 되어주는 내면의 목소리에 주파수를 맞춰 그 소리에 주의를 기울일 줄 알게 되면 육아와 관련된 혼란스럽고 모순되는 수많은 정보와 더불어 엄마의 죄책감도 함께 놓을 수 있다. 무엇이 필요한지 깨닫게 되고 그 깨달음을 신뢰할 수 있게 된다.

마음챙김 실천법

자신에게 다정하게 말 걸기

죄책감이 고개를 들면서 자신이 의도한 대로 아이를 기르지 못하고 있다는 생각이 들 때는 자신을 비난해봐야 쓸데없이 스스로를 옭아매는 결과를 가져올 뿐이다. 차라리 어디에서 길을 벗어났는지 알아차린 자신을 칭찬해주며 연민과 격려의 태도로 자신이 의도한 방향으로 나아가는 편이 낫다.

연민과 다정함은 마음챙김 의식에서 꼭 필요한 요소다. 많은 사람들이 타인에게는 연민과 친절을 아낌없이 베풀면서도 스스로를 그런 마음으로 대하는 것은 어려워한다. 자신이 부족하다는 것을 깨달으면, 자신을 일으켜 세워 먼지를 털어주고 다정한 말을 건네면서 다시 시작하면 된다.

'뭘트'가 끊임없이 따라다니며 부끄러움을 느낀다면 '뭘트'에 대한 자신의 생각에 주목해보자. 자신이 어느 정도 '뭘트'를 갖는 것이 당연하다고 생각하는가? 아니면 우리 사회가 올바른 부모상으로 여기는 비현실적인 기대치에 내몰리고 있는 것이라고 여기는가? 부모에 대한 특정한 기준을 가지고 그 기준에 맞추려 노력해왔다면, 지금까지 도움도 안 되는 '뭘트'에 사로잡혀 있을 가능성이 높다. 아이를 기른다는 것은 결코 쉬운 일이 아니며, 우리가 할 수 있는 일은 최선을 다하는 것뿐이라는 사실을 잊지 말자. 그런 다음 다시 제 경로로 돌아가 자신이 생각하는 대로 아이를 키우며 여전히 '뭘트'가 떠오를 때는 그대로 내버려두면 된다.

아이를 칭찬하는 만큼 나 자신도 칭찬해주기

자신을 향해 웃음 짓는 일은
살면서 배워야 할
가장 중요한 능력이다.
-캐서린 맨스필드

누구나 익히 접해왔겠지만 운동장에서 아이를 지켜보는 부모들은 흔히 아이가 조금만 몸을 움직여도 자랑스러움에 환하게 미소를 지으며 '잘했어!'라는 말을 연발한다. 솔직히 말하면 나도 한때 그런 부모였다. 한때는 주의를 기울여 봐주고 아이의 말을 잘 들어주며 아이가 무엇을 하든 '잘했어'라는 말을 연발하는 것이 바람직한 양육법으로 여겨지기도 했지만, 이젠 '잘했어'는 과장스럽고 약간 우스꽝스러운 말이 되어버렸다. 나는 14년 전에 처음 엄마가 되었을 때 이런 식의 양육을 잘하고 싶어 (아니, 정확히 말해 완벽히 해내고 싶어) 안달한 나머지 딸이 무언가를 해낼 때마다 칭찬해주라는 조언에 따랐다. 마음이 들떠 있던 초보 부모였던 나는 아이가 무엇이든 해낼 때마다 감동해서 딸이 다른 아이들과 달리 조금은 특별한 아이라고 확신했다.

당시에는 그것이 자연스럽고 애정 어린 양육이라고 느꼈지만 그 이후의 연구에서 밝혀진 바에 따르면 덮어놓고 칭찬해주는 것은 아이의 내적 동기부여의 측면에서 역효과를 가져올 소지가 있다. 많은 글을 통해 '잘했어!'라는 말을 남발할 경우 감동할 것 없는 작은 일에도 칭찬을 기대하게 되는 아이로 자라게 되는 사례도 접했다. 이제는 특권의식을 가지고 자기도취에 빠진 아이로 키우지 않으려면 노력이나 행동 자체를 칭찬해줘야 한다는 것이 새로운 상식이 되었다.

내가 느끼기에도 덮어놓고 무조건 다 칭찬하기보다 특정 노력에 대해 칭찬하는 것이 훨씬 좋은 것 같다. 그런데 그 말이 습관처럼 입에 붙어 끊어내기가 힘들었고 지금도 여전히 어린 아들에게 '잘했어'라는 말이 튀어나온다. 지금은 나 역시 시의적절하면서도 신중하게 하는 칭찬이 더 바람직할 뿐만 아니라 자녀를 칭찬해주기에 편안하고 자연스러운 방식이라고 본다.

하지만 엄마로서 자기 자신을 칭찬하는 문제는 이와는 전혀 다른 문제다. 엄마들을 상담해온 내 경험에 비추어 볼 때 우리는 확실히 자기비판적 성향이 있어 엄마 역할에 대한 기준을 대체로 이룰 수 없는 수준에 가깝게 설정해두고 있다. 게다가 우리 사회에서는 TV나 다양한 미디어를 통해 (의도적이든 아니든) 엄마들에게 가족 모두를 만족시키라는 식의 압력을 (여기에 더해 외모 관리에 대한 압력까지) 부과하고 있기도 하다.

그래서 나는 한때 우리 아이들에게 그랬듯 자기 자신에게도 '잘했다!'라는 말을 해주자고 말하고 싶다. 이처럼 다정한 태도로 자신을 대하는 것이 낯설고 아주 어렵게 여겨질 수도 있다. 이때 필요한 것이 바로 약간의 과장된 칭찬이다. 엄마들은 당연한 존재로 여겨져 등한시되기 일쑤이므로 스스로에 대한 칭찬이 힘을 북돋는 데도 도움이 된다(아이들이 결혼을 하고 부모가 되면 더 이상 엄마의 역할을 당연하게 여기지 않을 것이다. 그러니 너무 서운해하거나 걱정할 필요는 없다. 다만 앞으로 20년 정도만 참으면 끝난다). 다소 손발이 오글거리는 '잘했어'라는 말 대신 자신에게 힘차게 '마미 하이파이브 Mommy High Five!'라고 말해보면 어떨까?

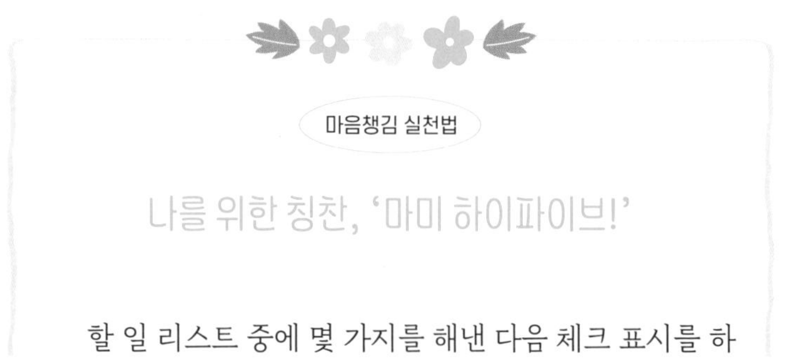

마음챙김 실천법

나를 위한 칭찬, '마미 하이파이브!'

할 일 리스트 중에 몇 가지를 해낸 다음 체크 표시를 하는 등 평범하고 뻔하게 여겨질 만한 일을 해낼 때마다 스스로에게 마음챙김의 '마미 하이파이브'를 보내준다. 명상이나 운동, 그 밖의 자기돌봄을 실행한 후에도 '마미 하이파이브'를 해줄 만하다. 나는 때때로 속으로 '예스!'나 '나 좀 짱인데!'라고 자화자찬할 때가 있다. 처음에는 이런 행동이 어색하고 약간 터무니없게 느껴질 수도 있다. 하지만 마음을 열고 어색함을 견뎌내면서 그런 말을 자신에게 해주었을 때 어떤 일이 펼쳐지는지 살펴보자.

나와 상담을 하면서 엄마들은 보통 이런 자화자찬을 아주 좋아할 줄 알게 된다. 우리는 다른 엄마들의 장한 노력은 잘도 알아주고 인정해주면서 자신에 대한 칭찬은 지나칠 만큼 인색하다. '마미 하이파이브'를 시작하면서 처음의 거북함을 넘기고 나면 의욕이 되살아나며 건전한 행동과 자기돌봄을 계속 이어나가게 될 것이다. 이런 모습은 아이들에게 보여주기에도 좋은 모범이 된다. 자, 그럼 당신에게 하이파이브를 보낸다. 장담하건대 당신은 이미 그런 칭찬을 받을 만한 엄마다.

자신감 있는 자세가
진짜 자신감을 키워준다

삶은 용기에 비례해
줄어들거나 넓어진다.
-아나이스 닌

딸아이의 사춘기가 시작되었을 때 나는 십대 소녀의 불안정한 세계와 다시 직면하게 되었다. 똑똑하고 재미있고 통찰력 있는 열네 살 딸은 자기 주장이 확실하고 그런 견해를 거리낌 없이 내세우는 성격이다. 단언컨대 이런 성격은 나에게서 물려받은 게 아니다. 사실 내가 내 주장을 펼치게 된 것은 고작 10년 전부터였다. 그때까지 남들에게 당해도 그냥 가만히만 있는 성격까지는 아니었지만 내 주장을 적극 내세우는 일은 많지 않았고, 그나마도 상당히 거북해했다. 십대의 청소년기엔 대장 행세를 하며 거들먹거리기보다는 착한 아이가 되려 애썼다. 착하다는 말을 듣고 싶어 했고, 보통은 착하게 행동하면서 때때로 손해를 입기도 했다. 나는 이처럼 타고나길 주위 눈치를 살피는 성격이라, 자기 주장을 내세우는 것을 힘들게 배웠고, 특정상황에서는 여전히 그것이 힘들고 어렵기만 하다.

이런 성격 탓에 나는 (아이의 주위를 맴돌며 사소한 일까지 하나하나 챙겨주는 엄마가 되기보다) 축구장의 사이드라인에서 엄마 역할을 해주려 하며, 딸의 강인함에 대한 경외심을 느끼는 동시에 딸의 그런 성격이 지나쳐 선을 넘으면 어쩌나 하는 걱정 사이를 오가곤 한다. 그리고는 딸의 대담함을 응원해주고 싶은 마음과 그냥 조용히 타일러주고 싶은 마음 사이에서 균형을 찾으려 한다. 내가 바라는 것이 있다면 내 딸이 앞으로 수많은 압박에 직면해도 자신의 신념을 지킬 수 있는 단단한 내면의 힘을 기르는 것이다.

물론 나도 딸이 다른 사람들에게 친절하길 바란다. 친절함은 내가 마음 깊이 품고 있는 가치 중 하나다. 많은 여자들이 착하게 행동하라는 암묵적인 압박감 속에서 성장하지만, 착한 것과 친절한 것은 다르다. 흔히 착하다는 여자들은 자신에게 친절하지 못하고, 자신의 욕구는 잊어버리기 일쑤다. 특히 리더십과 자기 주장을 희생시킨 채 착함을 우선시하고 부추기는 사회의 여성들이 특히 더 그렇다. 모든 여성들이 착함에 대해 신경 쓰지 않고 내가 즐겨 생각하는 개념인 우리 내면의 원더우먼으로 관심을 돌린다면 어떨까? 나에게 원더우먼은 자기 주장, 힘(당해도 쌀 경우에만 혼쭐을 내주는 선하게만 사용되는 힘), 자신감(그런 복장을 하고 사람들 앞에 나타나려면 정말로 자신감이 필요할 테니)을 의미한다.

사회심리학 연구가이자 하버드대 부교수 에이미 커디Amy Cuddy 박사는 최근에 출간된 《자존감은 어떻게 시작되는가Presence》라는 책에서 신체 언어에 대한 흥미로운 연구 결과를 밝혔다. 이 연구에서는 피험자들에게 발을 벌리고 손은 엉덩이에 대고 고개를 든 자세로 2분 동안 똑바로 서 있어달라고 했다(딱 원더우먼이 적에 맞서 위풍당당하게 서 있는 자세다). 그런 다음 이런 자세를 취하기 전후에 피험자들의 타액을 채취하여 분석했는데, 놀랍게도 이런 자세를 취한 이후 피험자들의 타액에서 스트레스 호르몬인 코르티솔 수치는 줄어든 반면 자신감과 자기 주장을 관장하는 테스토스테론 수치는 높아졌다. 이 연구 결과가 보여주는 것은 우리의 신체 언어는 다른 사람들에게 자신의 자아감을 보여줄 뿐만 아니라 실제로 자신의 호르몬에도 변화를 가져온다는 사실이다.

커디 박사는 몇 년 전에 TED 강연에서 삶에 변화를 가져다줄 수도 있는 이런 연구 결과를 공유한 이후로 실제로 이런 사실을 일상에 적용하고 있다는 사람들 수백 명에게 연락을 받았으며, 삶을 더 좋은 쪽으로 변화시킨 사람들의 사연들을 끊임없이 접하고 있다. 물론 2분 동안 원더우먼 같은 자세를 취한다고 해서 바로 원더우먼으로 변신할 수는 없겠지만, 호르몬 구조에 작은 변화가 일어난다. 커디의 주장처럼 "성공할 때까지 그런 척"하기보다는 "될 때까지 그런 척"하는 자세로 원더우먼 같은 자기 주장, 힘, 자신감을 길러보자. 몸에 딱 붙는 복장 따위는 필요없으니.

마음챙김 실천법

자신감을 길러주는 원더우먼 자세

하루에 2분 동안 원더우먼 자세를 취해보자. 이를 닦기 전이나 후에 해도 괜찮고, 그 자세를 의식의 균형이 잡혀 있는지 확인하는 기회로 활용해볼 수도 있다. 하루 동안 자신의 자세에 주의를 기울여보자. 혹시 움츠린 자세로 자신을 더 작아지게 만들고 있진 않은가? 몸을 쭉 펴고 똑바로 서거나 앉아서 자신감을 발산해보자. 명심해야 하는 사실은 항상 자신감을 느끼려고 애써 노력하는 것이 아니라 자신감을 얻을 때까지 그런 척해야 한다는 것이다. 신체 언어는 강력한 소통 방법 중 하나이고, 그런 의미에서 우리의 자세는 중요한 역할을 한다. 지금 자기 내면의 원더우먼으로 주의를 돌려보자. 갑자기 선한 힘이 발산되며 무언가를 정복하게 될지 누가 알겠는가.

감사하는 마음의 근육 기르기

상황에 따라 좌우되지 않는 그런 기쁨은
감사하는 마음으로부터 생겨난다.
-데이비드 스틴들 라스트

딸아이가 사춘기에 접어들며 자기 주장이 강해지고, 시도 때도 없이 셀프카메라를 찍고, 머리 모양에 신경을 쓰면서 여러 가지 면에서 아이의 태도를 교정해주는 것이 최근 우리 집의 풍경이다. 대화 중의 어조에 십대의 무례한 기미가 서서히 나타나면 남편과 나는 상대방을 존중할 줄 알아야 한다고 주의를 준다. 나는 근본적으론 용납해주진 못하지만 때때로 딸아이의 반항을 속으로 몰래 즐기기도 한다. 그러면 때때로 나 역시 태도에 교정이 필요하다는 점이 떠올라 겸허해지기도 한다.

최근에 〈뉴욕 타임스 마더로드New York Times Motherlode〉 블로그

의 한 독자가 요즘 부모들은 양육에 대해 불만이 왜 그렇게 많냐며 이렇게 말했다. "다들 자기가 선택한 일상에서 즐거운 순간은 없는 건가요? 그 불만들을 듣고 있으면 정말 즐거운 때가 없는 것 같아서 하는 말이에요." 이 글을 읽고 나는 허리를 똑바로 펴고 앉아서 나의 생활과 생각을 되돌아보게 되었다. 혹시 마음챙김 엄마 역할에 대한 글이 징징대며 불평하는 것으로 여겨질까? 나의 부정적 성향이 우리 집의 가정생활에는 어떤 영향을 미치고 있을까? 양육 관점에 대한 이 도발적 질문으로 나는 너무도 당연하게 여겨왔던 시간들이 떠오르며 너무나 간단한 '감사의 씨앗을 심고 물 주기 실천법'을 생각하게 되었다.

나는 명상을 마무리하면서 감사하는 마음을 갖는 마음챙김을 수행하길 좋아한다. 명상을 마쳤을 때 더 마음이 열려 있고 차분한 상태이기 때문이다. 이렇게 수행을 하며 시간이 지나는 사이에 서서히 내 관점이 미묘하게 변하는 것이 보인다. 뜨거운 커피 한 잔만큼 단순한 문제에서부터 아이들의 건강 같은 중요한 문제에 이르기까지, 내가 소중히 여기는 것들에 관심을 기울이면 하루 내내 그 대상을 기쁘고 고맙게 여기게 된다. 이 마음챙김 실천법을 통해 또 다른 긍정적 효과를 얻기도 했다. 가령 남편과 아이들이 대화하는 모습과 같이 예전 같았으면 어깨만 한 번 으쓱하고는 무심히 지나쳤을 법한 일들에도 이제는 잠시 멈춰서 주목하게 된다.

십대 딸은 지금도 여전히 소파에서 아빠 옆에 웅크리고 앉아 영화를 보는 것을 좋아한다. 내가 두 부녀의 이런 꾸준한 유대에 안도하는 이유는, 남편이 지금도 그리고 앞으로도 언제까지나 딸에게 애정 관계의 첫 번째 롤모델이라는 사실을 알기 때문이다. 아빠와 함께, 아빠의 격려를 받아가며 장거리 달리기를 마치고 난 후에 딸아이의 얼굴에는 뿌듯함으로 빛이 난다. 어린 아들은 기타를 치는 아빠 옆에서 드럼을 쾅쾅 쳐대며 마음껏 놀길 좋아한다. 그렇게 자애롭고 다정하고 잘 놀아주는 아빠를 둔 우리 아이들은 운이 좋은 편이다. 마음이 훈훈해지는 이런 순간들을 감사하는 마음으로 받아들이면 남편을 향한 애정과 감사함도 절로 더 굳건해진다. 힘들이지 않고 거저 거두는 윈윈인 셈이다.

누구나 때때로 태도 교정이 필요하다. 꾸준히 감사의 마음을 행하면 자신이 선택한 매일매일의 일상생활을 즐길 수 있게 되면서 우리가 그토록 되길 열망하는 마음챙김 엄마에 더 가깝게 다가갈 수 있게 될 것이다.

마음챙김 실천법

감사의 씨앗을 심고 물 주기

이 마음챙김 실천법을 명상 가이드에 따라 5분간 실행

해보자. 우선 잠시 멈춰 몇 번의 심호흡을 한 다음 바로 지금 감사한 점이 무엇인지 자신에게 물어보며 무엇이 떠오르는지 살펴보자. 따라서 일어나는 신체 감각에도 주목한다. 생각이 부정적인 방향으로 벗어나기 시작하면 이 잠깐의 순간에 대한 감사함으로 생각을 살살 되돌린다. 감사하게 여겨야 할 것 같은 느낌이 든다고 무작정 혹은 억지로 그 대상에 감사한 마음을 가져서는 안 된다. 여기에서는 옳고 그름은 없다. 감사한 마음이 드는 대상은 뻔한 것일 수도 있고, 뜻밖의 것일 수도 있다. 매일매일 감사함을 느끼는 대상이 있다고 해도 그것에 진심으로 감사함을 느낀다면 문제는 없다. 매일 새롭거나 색다른 일에 감사한 마음을 가져보는 것도 좋다. 감사하는 마음의 근육을 키우고 늘리자.

한 달 동안 매일 이 마음챙김 실천법을 수행하다 보면 감사하는 마음에 긍정적인 변화가 일어나는 것을 느낄 수 있을 것이다. 연구를 통해 증명된 바에 따르면, 감사의 마음을 가질 때 세상에 이미 존재하고 있는 좋은 면들을 더 많이 알아볼 수 있게 된다. 그런 좋은 면을 주목하고 음미하며, 아이들과도 공유하자. 감사의 씨앗을 심고 물을 주며 감사하는 마음이 커가는 모습을 지켜보자.

모든 불편한 마음이 사라지는 90초의 마법

삶은 괴롭지만
고통은 선택하기에 달려 있다.
-실비아 부어스타인

감정의 수명은 얼마나 될까? 감정은 떠오르고 난 뒤에 얼마나 머무를까? 답은 90초라고 한다. 90초라니. 믿기 어렵다고? 나도 처음에는 믿지 못했다. 하지만 신경해부학자이자《나는 내가 죽었다고 생각했습니다My stroke of Insight》의 저자인 질 볼트 테일러Jill Bolte Taylor 박사는 감정의 자연 수명이 1분 30초에 불과하다는 사실을 알아냈다. 내 추산에 따르면, 하나의 감정이 신경계와 신체를 통과하는 데 걸리는 평균 시간이 분만 진통 1회의 지속 시간과 비슷하다. 우리의 감정은 상황에 따라 분만 진통만큼이나 극심하게 느껴질 수도 있다. 점차 고조되다 최고조에 달한 후 누그러진다는 점에서도 분만 진통과 비슷하다. 나는 감정의 폭풍에 휘말려 있을 때 이런 유사점을 상기하면 믿을 수 없을 만큼 안심이 된다. 어쨌든 90초 동안 무슨 일인들 못 견뎌낼까 싶은 생각이 들기 때문이다.

감정은 (이미 맹렬히 타오르고 있을지 모를) 불에 기름을 끼얹지만 않으면 가라앉게 되어 있다. 동양 철학에서는 이를 두 번째 화살을 쏘는 것에 비유한다. 첫 번째 화살은 삶이 우리에게 건넨 난관으로, 우리의 통제력 밖에 있다. 이 최초의 상처 위에 고통을 더 쌓는 순간 두 번째 화살이 발사된다.

나의 경험을 살펴보자. 어느 화창한 겨울의 일요일 오후에 나는 글을 쓰며 앉아 있었고, 내가 살고 있는 미국 북동부 지역에는 금요일 저녁부터 24시간 만에 무려 76.2센티미터의 눈 폭탄이 쏟아지며 아무도 밖으로 나갈 엄두를 내지 못했다. 우리 가족 또한 주말 내내 다 같이 집 안에 틀어박혀 있을 수밖에 없었다. 가족 네 명 중 셋이 감기에 걸린 상태에서, 한 명은 불태울 에너지가 무한히 솟구치는 네 살짜리 아이이고, 딸아이는 네 살짜리 동생의 넘치는 에너지를 잘 참아주지 못하고 있었다. 남편은 상당 시간을 밖에 나가 삽과 쟁기로 눈과 씨름 중이었고, 나는 원고 마감이 코앞에 닥쳐 있었다.

사실 나는 보통 토요일에는 주로 나의 치료실까지 가서 조용하게 글을 쓰며 보내지만, 일어나서 창밖으로 30센티미터 가량의 눈이 쌓인 것을 보자 치료실까지 갈 엄두가 나지 않았다. 아이들과 함께 있는 상태에서 글을 쓰기는 쉽지 않지만, 2시간만 집중해서 작업을 할 수 있다면 집 안에서 보내야 하는 그날의 나머지 시간을 가족과 느긋한 마음으로 즐길 수 있을 것 같았다. 하지만 몇 시간 동안 셀 수도 없이 많은 방해를 받고 나자 툴툴거리는 짜증 덩어리 엄마가 되어 있었다. 정오가 다 되도록 괜찮은 문장을 쓰지도 못하고, 가족과 온전히 함께 있어주지도 못했다. 그 순간 함께 있는 가족들에게 나는 주의가 산만한 데다 심통 나 있고 아주 불편한 존재였다. 나도 그 사실을 알고 있었지만, 자제하기가 힘들었고 결국 더 짜증만 늘었다.

이 상황에서 첫 번째 화살은 코앞으로 닥친 마감일의 압박 속에서 글쓰기에 집중하지 못하는 것이었다. 이렇게 마음이 불편한 상태에서 '불편한 감정의 폭풍을 견뎌내기'를 활용했다면 90초의 속상한 시간을 견뎌낼 수 있었을 것이다. 충분히 할 수 있는 일이었다.

하지만 안타깝게도 나는 때를 놓쳤고, 그 바람에 자동적으로 두 번째 화살을 (그리고 연달아 세 번째, 네 번째, 다섯 번째 화살까지도) 쏘고 말았다. 두 번째 화살은 안 그래도 괴로운 상황에서 서로의 감정을 더욱 건드리는 대화와 트집 잡기와 반발이었다. 계속되는 방해를 참으면서 나는 '핫초코를 더 달라고? 또 배가 고프다고? 글을 좀 더 써야 하는데 집중할 수가 없잖아! 혼자 놀 줄도 알아야지. TV 좀 그만 봐!'라는 생각이 들었다. 이런 말을 실제로 입 밖으로 꺼내지는 않았지만 가족들에겐 그 전반적 메시지가 분명히 전해졌다.

내가 어리석고 지나쳤다는 생각이 드는가? 사실 그랬고, 많은 이들이 수시로 나와 같은 행동을 한다. 그러니 어려움을 겪는 순간에는 자신의 마음이 어떤 상태인지에 주의를 기울여야 한다. 인간의 조건 중 하나인 어려움은 인간을 겸허하게 만든다.

두 번째 화살이 준비되고 있다는 사실을 깨달으면 그 사실을 인정하며 관심을 기울여줌으로써 그 영향력을 완전히 바꿔놓을 수 있다. 되짚어보면 나는 그 압박감과 좌절감을 식별해 자기연민을 갖고 주의를 기울이면서 집 밖으로 나가지 못하는 것이 확실해지자마자 그날의 글쓰기 계획을 수정했어야 했다. 그랬다면 나의 주의력과 에너지가 일에서 해방되면서 느긋한 마음으로 가족과 진심으로 함께할 수 있었을 것이다. 90초면 되는 일이었다. 그렇게 했다면 두 번째 화살이 발사되는 일은 없었을 것이고, 가족 모두 집 안에 머물면서 훨씬 편안한 하루를 보냈을 것이다.

물론 크게 보면 이 일은 마음 불편한 상황 중에서도 아주 작은 사례일 뿐이다. 하지만 정말로 마음이 불편한 순간들, 그러니까 끔찍하거나 가슴이 조이거나 분노가 유발되는 그런 순간들은 어떤가? 그런 순간에 우리는 어떻게 행동하는가? 그 순간의 감정이 너무 버겁게 느껴질 때 우리는 어떻게 행동하는가? 사실, 우리는 그런 순간에도 아주 똑같이 행동한다.

다른 무엇보다도 호흡에 주목하자. 호흡은 언제 어디서든 그 자리에 있으며, 그것이 호흡을 명상의 핵심이라고 여기는 이유 중 하나다. 호흡은 관심의 닻이 되어, 맹렬한 감정을 피하는 게 아니라 오히려 불편한 감정에 직면할 수 있도록 스스로를 진정시켜준다. 이 과정은 분만 중의 호흡과 비교할 수 있다. 분만 진통은 워낙 강해서 그 극심한 진통 속에서 이성을 놓치기 쉽다. 이때 호흡에 집중하면 다시 진통이 가라앉을 때까지 충분히 버틸 수 있다. 호흡을 하며 몸의 긴장을 풀고 들숨과 날숨에 계속 집중하면서 극심한 고통도 지나가리라고 스스로에게 이야기해주자. 그러면 어떤 감정의 폭풍도 이겨낼 수 있다.

마음챙김 실천법

불편한 감정을 폭풍을 견뎌내기

불편한 감정에 직면하여 갈등이 일어날 때 자신의 신체 감각이 어떤 경향을 보이는지 살펴보자. 우리 모두에게는 앞으로 닥칠 상황을 더 쉽게 포착하는 데 도움이 되는, 작은 경고 시스템과 같은 저마다의 독자적 패턴이 있다. 불편한 신체 감각이 일어나는 것이 감지되면 그 감각에 주의를 기울여 미묘한 변화를 주시하고, 신체 감각에 변화가 일어나면 그 변화에도 주목해보자. 그렇게 한다고 해서 마음의 불편함이 없어지는 것은 아니지만 잠시 멈춰 그 난관에 반응할 방법을 스스로 선택할 수는 있다.

정말로 버겁고 심각한 상황에 직면했을 때는 부드럽게 살살 몸이나 호흡에 초점을 맞추면서 이 감정의 격한 폭풍 또한 90초 만에 사라지리라는 사실을 떠올려보자. 최대한 길고 깊게 몇 번 호흡을 하면서 몸의 긴장을 풀고 호흡에 주의를 기울인다. 들숨과 날숨을 느끼면서 현재의 순간에 머문다. 격한 감정은 대체로 마음이 불편한 것에 대한 자연스러운 반응이므로 그 감정에 저항하기보다는 받아들이려 노력해보자. 받아들인다는 것이 곧 용납하거나 초대한다는 의미는 아니다. 하지만 좋든 싫든, 그런 감정들은 지금 이곳에 있다. 그 감정들을 마주하고 느껴보자. 의식과 차분함을 유지할수록 감정의 폭풍은 더 빨리 지나갈 것이다. 틀림없이 어느 정도 남아 있는 마음의 불편함이 느껴질 테지만 이제는 더 잘 견디며 그런 감정에 어떻게 반응할지 선택할 수 있을 것이다. 이 실천법은 매우 중요한 수행이니 끈기를 발휘해 열심히 따라해보기를 권한다. 그리고 부디 이 실천법을 통해 큰 도움을 받으며 위안을 얻길 바란다.

자연이 선사하는 감각의 향연을 즐겨라

다른 사람들의 삶에 햇빛을 비춰주는 사람들은
자신에게서 나오는 햇빛을 막지 못한다.
-제임스 M. 배리

봄이 되면 나의 에너지와 낙천적 성향이 폭발한다. 겨울 날씨가 쌀쌀한 북동부 지역에 살아서 그런지 겨울잠을 자고 있던 감각들이 깨어나며 따사로운 햇살, 지저귀는 새 소리, 서서히 다시 고개를 내미는 꽃과 풀에 심취하는 순간 갑자기 모든 감각들이 바짝 곤두선다.

나는 날씨가 허락하는 한 매일 아들을 유모차에 태워 똑같은 산책길로 산책을 나간다. 가끔은 생각에 빠진 채 자동조종장치 모드에서 걸음을 떼며 시간이 가는 것을 거의 의식하지 못하는 날도 있다. 물론 그래도 하루분의 신선한 공기, 운동, 비타민D는 채우지만,

아쉽게도 자연의 풍요로움을 음미할 기회는 놓치고 만다.

하지만 오늘은 사방에서 움트는 봄의 기운에 의도적으로 주의를 집중했다. 아들도 자연에서 느낄 수 있는 모든 감각에 주목해보라는 나의 부탁을 선뜻 따라주었다. 청각을 바짝 곤두세우자 온갖 소리가 들려왔다. 울새의 노래 소리, 수탉의 울음소리, 딱따구리의 나무 쪼는 소리, 개 짖는 소리, 졸졸졸 시냇물 소리, 머리 위에서 윙윙 울리는 비행기 소리 등 이루 다 열거할 수도 없을 만큼 다양한 자연의 소리에 정말 기분이 좋아졌다. 평범한 산책이 감각을 위한 향연으로 변신한 순간이었다.

길고 가혹한 겨울을 지난 후에 별 노력 없이 이런 방식으로 자연에 주의를 집중하는 것도 마음챙김 활동 중의 하나이며, 이렇게 자연에 마음을 열고 집중하다 보면 새로운 관점으로 세상을 바라보는 듯한 기분을 느낄 수 있다. 나이를 먹고 더 바빠지고 따뜻한 봄날이 몇 주 더 지나가면 이렇게 예리한 의식을 유지하는 것이 점점 어려워진다. 몸과 마음이 적응하면서 푸릇푸릇한 풍경과 햇살을 당연하게 여긴다. 하지만 우리는 계속 자동조종장치 모드로 살아갈지, 잠깐 멈춰 말 그대로 장미꽃 향을 맡을지를 선택할 수 있다. 그러니 가능할 때마다 밖으로 나가 감각의 기쁨을 누리자.

마음챙김 실천법

감각의 즐거움을 누리기

날씨나 계절에 상관없이 잠깐 밖으로 나가 처음 보는 것처럼 풍경을 구경한다. 눈에 보이는 모든 풍경을 그냥 관찰하며 눈에 담는다. 주변의 소리에도 마음을 챙긴 상태에서 귀를 기울인다. 가까운 곳과 먼 곳의 소음이 들려오는가? 정적이 내려앉아 있는가? 어떤 냄새가 풍기는가? 냄새가 불쾌하게 느껴지는가, 아니면 기분 좋게 느껴지는가? 아니면 딱히 이도 저도 아닌가? 기온과 다른 감각들에 주의를 기울여보자. 햇빛의 따사로움이 느껴지는가? 비의 축축함이나 폭우가 쏟아지기 직전의 공기는 어떤가? 꼭 아이들과 함께 해보자. 아이의 도전의식을 자극해 아이가 주의를 기울여 최대한 많은 것을 관찰하고 자신이 관찰한 것을 말해보게 하자. 이 마음챙김 실천법이 습관이 되면 온전히 의식하는 삶을 살아가며 주변 환경을 새삼 감사함과 경외감을 가지고 즐겁게 바라볼 수 있을 것이다.

완벽하지 않아도 괜찮아

정말로 힘들고, 또 정말로 감동적인 일은
완벽해지길 포기하고
자기 자신이 되려는 노력을 시작하는 것이다.
-안나 퀸들렌

그런대로 괜찮으면 그런대로 괜찮게 놔두자. 완벽함에 집착하지 않도록 하자. 상담을 하다 보면 완벽하지 못한 것을 견디지 못하는 엄마들이 많다. 하긴, 왜 안 그렇겠는가? 아이를 키우는 일은 우리가 맡은 일 중에 가장 중요한 것이니, 엄마로서는 작은 일도 심각하게 받아들일 수밖에 없다. 이제 갓 엄마가 된 경우라면 완벽함을 놓기가 특히 더 힘들다.

나는 딸을 임신했을 때 서점에 있는 모든 양육서를 읽으면서 엄마가 될 준비가 되어 있다는 자신감을 최대한 끌어올리고 싶었다.

우리 모두가 알다시피 어떤 방법으로도 부모로서 완벽한 준비를 갖출 수는 없다. 지나고 나서 돌이켜보니 나는 중요하지도 않은 결정들을 놓고 올바른 결정을 내려야 한다고 스스로를 다그치며 쓸데없는 압박을 너무 많이 가했다. 나 자신이 스스로 부과한 압박감으로 나는 필요 이상의 걱정을 하도록 내몰렸고 딸을 즐겁게 해주지도 못했다.

바쁘게 사는 엄마들은 너무 많은 것을 스스로 떠맡곤 한다. 우리가 자기 자신에게 가하는 압박은 엄청나다. 직장에서 일을 하든 집 안에서 일하든 대부분의 엄마들은 아이에게 풍족한 기회를 마련해주고, 아이가 즐거운 시간을 많이 갖게 해주고, 집 안을 깨끗이 정리하고, 남편이나 친구들과 돈독한 관계를 유지하고, 최고의 간식을 준비하고, 자원봉사 활동을 하고, 항상 건강하고 젊어 보이는 외모를 유지하고, 항상 얼굴에 더없이 행복해하는 미소를 달고 다녀야 한다는 생각을 갖고 있다.

소셜미디어와 빠르게 돌아가는 사회는 다른 사람 모두가 다 침착하게 엄마 역할은 물론이고 직장생활까지 잘 해내고 있다는 착각을 더욱 부추기곤 한다. 바쁜 엄마들 대다수는 일종의 '가면 증후군'을 앓고 있다. 다시 말해, 남들이 자신보다 무엇이든 잘 해내고 있으며, 자신의 무능함이 결국엔 드러날 것이라는 잘못된 믿음을 갖고 있다.

사실, 우리는 누구나 여러 역할을 해낼 수 있다는 자신감을 느낄 때도 있고, 모든 것이 무너져 내릴 것만 같은 기분을 느낄 때도 있다. 이쯤에서 카트리나 알콘이 《한도 초과》에 인용해 실은 한 친구의 말을 들어보자. "'다 괜찮아'와 '완전히 무너지기 직전이야' 사이의 경계는 종이 한 장 차이에요. … 아주 많은 경우에 경계를 넘는 데 필요한 건 딱 하나죠. … 잘못된 방향으로 슬쩍 부추기기만 하면 모든 것이 금방이라도 무너질 것만 같죠." 이상적인 겉모습을 유지하려는 시도는 궁극적으로 번아웃, 무관심, 우울증, 불안, 충분히 괜찮지 않다는 느낌을 떨쳐버리지 못하는 결과로 이어진다.

누구의 도움을 받지 않은 채 번아웃에 빠지지도 않고 혼자 모든 것을 거뜬하게 해내는 사람은 아무도 없다. 이 사실을 깨달으면 사회에서 부추기는 비현실적인 기대에서 해방되기 위한 노력을 시작할 수 있다. 나 또한 지난 14년 사이에 완벽함에서 벗어나기 위해 노력해왔지만 지금도 여전히 종종 이런 문제로 씨름한다. 자신에게 너무 엄격한 잣대를 들이대는 엄마들에게 내가 자주 해주는 말이지만, 그런대로 괜찮은 것은 아주 좋은 것이다. 자기 자신과 배우자, 아이들에 대한 완벽주의와 비현실적 기대는 아무짝에도 쓸모없다.

마음챙김 실천법

완벽함에 대한 집착을 내려놓기

완벽함에 대한 강박적 생각이 고개를 드는 순간에 주목하면서 자신과 자신의 능력, 아이들 모두 지금 있는 그대로 부족함이 없다고 스스로를 설득하려 해보자. 완벽주의를 지키려 할 때 우리의 근육은 긴장되고 삶의 즐거움을 느낄 수도 없다. 그러니 완벽주의에 대한 기대를 조금만 놓으면 어떨까?

실제로 완벽함에 대한 강박을 내려놓으면 스트레스를 일으키는 문제들이 사실상 중요한 일이 아니었고, 기대를 조금 놓은 덕분에 즐거움을 느끼며 더 현재에 머물 수 있음을 깨닫게 될 것이다. 연민의 마음으로 자신에게 상기시키자. 대부분의 경우 그런대로 괜찮은 것만으로도 충분하다고. 그렇게 생각하도록 꾸준히 노력해보자. 연습과 끈기가 필요하지만 그만한 노력을 들일 가치가 충분한 일이다. 완벽주의에서 회복 중인 사람이었다가 새롭게 거듭난 사람의 말이니 믿어도 된다.

모든 엄마는 초보였다

있는 그대로의 자신이 되고 느끼는 대로 말하라.
남들을 신경 쓰는 사람들은 중요한 사람이 아니고
중요한 사람들은 남들을 신경 쓰지 않기 때문이다.
-버나드 바루크

《1년만 나를 사랑하기로 결심했다》에서 숀다 라임스는 세 딸을 키우며 들었던 생각에 대해 다음과 같이 말했다. "아이들이 생기기 전, 내 자신감은 어떤 일에도 끄떡없었다. 이제는 매일 자신감이 박살난다. 내가 잘하고 있는 건지 모르겠다. 참고할 매뉴얼도 없고 체크리스트도 없다."

정말 난감한 일이다. 뛰어난 지성인 숀다 라임스가 잘하는 건지 모르겠다고 하면 다른 엄마들은 어쩌라는 말인가? 이 말이 위로가 될지, 아니면 돌아서서 도망치고 싶어질지는 잘 모르겠지만 나는 모든 엄마들이 갈피를 잡지 못한 채 같은 배에 타고 있는 것 같아 위로가 된다.

나만 갈피를 못 잡고 헤매는 엄마이고, 다른 사람들은 모두 침착하게 잘 해내고 있는 것 같아 보일 때가 정말 많다. 그럴 때는 나만 그런 게 아니라는 사실을 알면 도움이 된다. 엄마로서 내가 겪는 모든 어려움들이 정상적인 것이며, 때때로 자신이 잘하는 건지 모르겠다고 느끼는 것은 누구나 다 마찬가지임을 인식하게 된다.

내가 엄마들이 처한 진실을 말하고 자신의 불완전함을 인정하는 것이 좋은 일이라고 여기는 또 하나의 이유가 있다. 이미 겪어봤거나 우리의 바로 옆에서 똑같이 잘 싸워나가고 있는 다른 엄마들과 솔직하고 자유롭게 대화를 나누며 그 과정에서 안도감과 위로를 얻을 수 있기 때문이다. 갓난아기가 우는 이유를 해석하는 중이든 십대 자녀의 적절한 통금 시간을 고민하는 중이든, 엄마의 역할을 하는 모든 순간에 우리는 이전에 경험해보지 못한 생소한 영역에 들어서게 된다. 더 나이 많은 자녀들이 있어 경험이 많은 경우라 해도 모든 아이는 성격, 개성, 행동이 저마다 다 다른 만큼 마치 처음 아이를 키워보는 것처럼 어떻게 해야 할지 막막하게 느껴질 수 있다.

딸을 낳고 10년 후에 아들이 태어났을 때 나는 아이가 몇 시간째 울어도 뭐가 필요해서 우는 건지 갈피를 잡지 못하는 그 익숙하고도 무기력한 세계로 예상도 못한 채 다시 돌아가게 되었다. 행동가인 나는 문제를 해결하지 못하는 나의 무능이 가장 괴로웠다. 나는 빠른 해결책을 찾기를 바라며 머릿속으로 체크리스트를 하나씩 훑어나가곤 했다. '쉬를 했다면, 그래, 기저귀를 갈아주면 되고. 배가 고파서 우는 거면 그것도 해결 가능한 거고. 졸려서 그런 거라면 그것도 문제없지.' 하지만 정신이 멍해질 정도로 그칠 줄 모르고 울어대는 아이를 볼 때는 아이가 그냥 고요하고 따뜻한 자궁 속으로 잠시 되돌아가고 싶기라도 한 것처럼 느껴져 불안해지기도 했다.

어린 아들을 일주일마다 가던 정기검진에 데려갔던 때가 기억난다. 나는 너무도 좌절감이 들어 소아과 주치의에게 하소연했다. 10년 전부터 알아왔고 내가 신뢰하고 존경하는 그 의사를 붙잡고 아들이 울 때마다 무슨 차이가 있는지 구별하지 못하겠다고 털어놓았다. 정말로 그 울음이 그 울음 같이 들려 미치고 팔짝 뛸 노릇이었다. 그녀는 따뜻한 말투로 이렇게 말해주었다. "어머님은 어머님이 생각하시는 것보다 많은 걸 알고 계세요." 하지만 나는 그 말을 그대로 믿지 않았다. 나는 충혈된 눈으로 그녀를 똑바로 쳐다보며 말했다. "아니에요. 정말 모르겠어요." 하지만 일주일 정도 지나자 배가 고플 때, 졸릴 때, 기저귀를 바꿔야 할 때의 울음소리가 각각 어떻게 다른지를 정말로 알게 되었다. 하지만 아기의 울음소리를 구분하게 되기까지의 일주일은 아주 긴 시간이었다.

다행히 엄마 역할이 언제나 이런 당혹감만 주는 건 아니다. 한동안은 문제가 잘 해결되며 술술 풀려서 더 없이 행복한 기분이 들 때도 많다. 나는 그럴 땐 그 순간을 즐긴다. 조만간 또 다른 고비가 닥쳐오리라는 것을 알기 때문이다.

잘 모른다는 것은 아이를 키우는 과정에서 누구나 언제든 직면할 수 있는 자연스러운 부분이다. 이 사실을 받아들이면 안도감을 느낄 수 있다. 모른다는 것을 인정한 다음, 배짱으로 버티는 것이 아니라 모든 답을 바로바로 알 필요가 없다는 사실까지 받아들이고 나면 어느 정도 자유로움을 느낄 수도 있다.

우리는 우리가 생각하는 것보다 많은 것을 알고 있다. 하지만 처음 한동안은 모른다는 사실에 적응해야 할 때도 있다. 숀다 라임스가 아무리 엄마로서 회의에 빠졌다 해도 그녀는 실감 나는 뛰어난 캐릭터와 스토리를 만들어내는 능력이 있을 뿐만 아니라 자신이 엄마로서 잘하고 있는지에 대해서도 어느 정도 알고 있을 것이 틀림없다. 마찬가지로 우리 모두에게도 희망이 있다.

마음챙김 실천법

모른다는 것을 인정하기

이 마음챙김 실천법은 다른 엄마들에게 솔직함의 모범을 보인다는 면에서 아주 가치 있을 뿐만 아니라 아이들에게도 도움이 될 수 있다. 아이들이 점점 독립성을 요구할 때는 '잘 모르겠는데. 생각 좀 해보고 얘기해줄게'라고 대답해도 괜찮고, 그러는 편이 바람직하기도 하다. 아이의 요구를 진지하게 받아들이고 있다는 점을 분명히 보여줄 수 있을 뿐만 아니라 확신이 없는 것을 인정하는 모습이나 불완전함의 모범도 보여줄 수 있기 때문이다. 또한 바로 충동적으로 반응하기보다 잠깐 생각을 정리하는 절제 기술까지 보여줄 수도 있다.

처음에는 자신이 생소한 영역에 들어선 것을 인정하고 잘 모르는 것들을 인정하는 것이 도움이 된다. 자신의 불완전함을 인정하는 것을 유독 힘들어하는 사람들도 있다. 하지만 인정한다는 것은 그 상황을 받아들이고 더 이상 저항하지 않는다는 뜻이다. 마음을 열고 배우려는 자세도 중요하지만, 자신이 모든 것을 통제하려는 마음을 먼저 포기해야 한다. 모름을 인정해야 한다. 그것이 무엇이든 부끄러워할 필요는 없다. 그저 연민의 마음으로 받아들여보자. 우리는 모두 몰랐던 경험이 있다. 다른 엄마들과 이야기를 나누며 자신의 경험담을 들려주자. 부디 자기 자신과 아이들에 대해 배우는 모든 것을 즐기게 되기를.

당신에게 살날이 6개월밖에 남지 않았다면

평범한 삶인 것처럼 보이는 순간이
가장 시간이 멈춘 것 같다.
–브라이언 안드레아스

당신에게 살날이 6개월밖에 남지 않았다고 상상해보자. 그 시간에 무엇을 하고 싶은가? 잠시 멈춰 곰곰이 생각해보면 금세 답이 명확해진다. 그 답은 성격이나 바라는 바에 따라 각자 다를 것이다. 모험가 기질이 있는 사람이라면 여행을 가거나 버킷 리스트 중 미루고 있던 것을 실행에 옮기는 상상을 할 만하다. 사랑하는 이들에게 그들이 당신에게 얼마나 소중한 존재인지를 분명히 알려주고 싶어질지도 모른다. 내 생각에는 우리 모두가 가장 바라게 될 한 가지는 그냥 가족이나 친구들과 함께 있는 것이 아닐까 싶다. 그냥 함께 어울리는 것, 의미 있는 얘기를 나누고 서로에게 진심으로 귀 기울여주고 안아주고 손을 잡는 것이 대부분의 사람들이 생각하는 최종 버킷 리스트일 것이다. 사는 게 너무 바쁘고 빡빡한 일정에 쫓길 때는 지극히 평범한 순간들을 급히 넘기거나 아예 그럴 시간을 용납하지 않기 쉽다.

잠시 멈춰 생각해보면, 실제로 그러고 있지 않은가? 섬뜩하게 할 마음은 없지만, 어쨌든 자신에게 시간이 얼마나 남아 있는지는 아무도 모른다. 그렇다고 이런 진실을 의식해 끊임없이 조마조마해하며 살라는 것은 아니다. 그보다는 가끔씩 그런 가정을 떠올리며 마음 깊이 품고 있는 소중한 순간을 우선순위로 둘 것을 권하고 싶다. 모든 책임과 일정을 단념할 수 없다고 해도 충분히 이해한다. 하지만 한 가지 일을 마치고서 다음 일로 성급히 넘어가버리면 중간에 잠깐 짬이 난다고 해도 다음 일에 대한 생각에 사로잡혀 있기 십상이다. 속도를 조금 늦추고, 업무 중에 쉽게 놓쳐버릴 수 있는 중간중간의 짧은 순간들에 좀 더 주의를 기울여보면 어떨까? 더 나아가 막간의 순간들을 더 많이 만들어 온전하게 주의를 기울여보는 건 어떨까?

막간의 순간들은 유대, 창의성, 생각의 잠재력으로 충만한 좋은 기회가 될 수도 있다. 현재 당신의 하루에 그런 순간이 거의 없는 것 같다면, 주어진 시간에 너무 많은 일을 쥐어짜 넣으려 애쓰고 있는 것이거나 오늘 해야 할 일의 목록을 지워나가는 데 너무 정신이 팔린 나머지 그런 순간이 생겨도 알아보지 못하는 것이다.

끝없이 밀려드는 다음의 자극들을 처리할 만한 약간의 시간을 가지면 자신의 마음을 돌보는 데도 도움이 된다. 중간의 순간이 더 많아지면 더 친절해지고 더 사려 깊어지고 더 창의적이 될 여지는 물론이고, 현재에 더 머물게 될 가능성도 높아진다. 나는 상냥하고 살가운 성격이 아니다. 그래서 거리를 걸어갈 땐 미소를 지으며 누군가의 눈을 바라볼 기회를 그냥 놓치곤 한다. 마트 계산대에 줄을 서서 앞에 서 있는 같은 엄마와 흥미로운 대화를 나눌 기회가 있어도 그냥 지나친다. 살날이 6개월뿐이라고 생각할 때 가장 먼저 떠오르는 일을 우선순위로 놓을 기회도 그냥 놓쳐버린다.

그동안 내가 가장 뿌듯한 대화를 나누고, 가장 창의성이 반짝인 깨달음의 순간을 맞고, 감사함의 감각이 가장 뛰어났던 때도 막간의 순간들이었다. 이런 막간의 순간들은 별일이 일어날 것 같지 않은 평범한 시간이다. 하지만 온전한 의식을 기울여 관심을 갖는다면 그 짧은 시간에 수많은 일들이 일어난다는 걸 알게 된다. 가령 침대에서 느긋하게 쉬고 있다가 십대의 딸과 신중한 대화에 빠지기도 하고, 저녁을 다 먹은 후 남편과 식탁에서 일어나지 않고 꾸물거리다 얘기를 나누며 웃기도 한다. 계획에 없던 이런 순간에 온전한 유대감과 함께 이해하고 이해받았다는 느낌을 갖게 된다. 가장 중요한 것들을 되돌아보게 한다는 점에서 그 짧은 순간은 무엇과도 바꿀 수 없는 소중한 시간이다.

마음챙김 실천법

가장 소중한 순간을 떠올려보기

몇 번 심호흡을 하며 눈을 감고 살날이 6개월밖에 없는 상황을 상상할 때 무엇이 떠오르는지 생각해보자. 어떤 이미지가 보이는가? 어떤 사람들이 어른거리는가? 어떤 생각과 감정이 떠오르는가? 그것들이 당신의 우선순위다. 가능하다면 상상한 것들을 많이 실천에 옮겨보자. 자신에게 가장 중요한 대상을 향한 사랑과 감사함을 맨 처음에 둔다.

이제는 평상시라면 대충 지나쳤을 만한 그 순간들에 주의를 기울여보자. 잠깐 멈춤의 시간을 갖고 자신에게 가장 소중한 순간을 떠올려보자. 그런 순간을 감지하면 몇 번 심호흡을 하며 호기심을 기울여보자. 어떤 신체 감각이 나타나는가? 조바심이 나거나 불안해하는 것이 감지되면 다음 일로 넘어가고 싶은 끌림에 굴하지 말고 그냥 그대로 있어보자. 최대한 기대를 내려놓은 상태에서 막간의 순간들이 무엇을 가져다주는지 지켜보자.

제6장

"네가 크고 나면
이 시간이 너무도 그리울 텐데…."

아이와 부모가 함께 성장하는 저녁 마음챙김

와인 한 잔과 함께하는 여유 한 모금

숙면과 목욕, 한 잔의 와인은 슬픔을 누그러뜨린다.
-토마스 아퀴나스

'커피가 가져온 변화를 느껴보기'에서 말했듯이 저녁 시간의 '와인 마음챙김 실천법'에 대해서도 알아보자. 사실 커피와 와인 모두 내가 엄마로서 생존하기 위해 종종 마시는 음료들이다. 이 두 음료는 내가 마음속으로 특별히 여기는 존재들이다. 그래서 커피와 와인에 관한 한 나는 다소 까다로운 편이다. 내가 고상한 와인 애호가이기 때문이 아니라 그냥 내가 술이 약한 편이라 쉽게 취해서 한 잔만 마셔도 알딸딸해지기 때문이다. 그런 까닭에 자연스럽게 그 한 잔의 와인을 잘 음미하고 싶어진다.

내가 와인에 대한 교육을 받은 경험은 대학교 4학년 때 8주 과정의 와인 음미법 강의를 들은 것이 전부이다. 그 강의에서는 매주 전 세계의 여러 지역에서 생산된 다양한 종류와 품종의 와인을 시음하며 토론을 했다. 같은 수강생들이 표현하는 독자적인 시음평을 듣고 있으면 재미도 있고 배우는 것도 있어 좋았다. 배, 버섯, 오크, 시트러스, 씹히는 듯한 질감, 가벼운 느낌, 풀바디 등의 다양한 표현들을 들을 수도 있었다. 마지막 수업에서는 수강생 각자가 음식과 함께 궁합을 맞춰 신중히 선택한 와인을 준비해왔다. 그중 내가 확실하게 기억하는 딱 하나가 디저트 코스였다. 2단 초코 퍼지 케이크가 근사한 레드 디저트 와인과 함께 나왔다. 그 와인을 맛보며 나는 마치 와인 천국으로 들어간 듯한 기분이라고 생각했다(생각해보면 그때쯤엔 술에 취해 있었던 게 분명하다).

와인을 즐기기 위해 전문가 수준의 지식을 가질 필요는 없다. 친구들과 여유롭게 저녁을 먹든 저녁을 만들며 혼자 홀짝이든, 자신만의 '와인 마음챙김 실천법'을 수행하며 즐겨보길 권한다.

마음챙김 실천법

와인 즐기기

다른 사람들과 함께 와인을 함께 즐겨도 좋다. 그럴 만한 사람이 없다면 혼자서 마음챙김의 와인을 즐기면 되고,

있으면 내가 대학 시절에 그랬던 것처럼 술동무들과 와인의 시음 소감을 놓고 이야기는 나눠보는 것도 좋다. 자신이 잘 알고 말하는 건지, 어떤 표현을 쓰는지 아무도 신경 쓰지 않을 테니 편하게 말해보자. 재미있게 즐기면서 창의적인 표현으로 와인의 맛에 대해 이야기해보자.

같이 마시든 혼자 마시든, 깊이 숨을 들이쉬었다 내쉬면서 앞에 놓인 그 근사한 음료에 모든 주의를 기울인다. 가장 먼저 잔에 담긴 와인의 빛깔에 주목한다. 잔을 살살 돌리며 그 농도를 살펴본다. 그다음엔 잔을 코로 가져가 숨을 들이쉬며 그 매혹적인 향을 들이마신다. 이제 첫 모금을 홀짝인 후 몇 초동안 입안에 그대로 머금고 있으면서 그 복합적인 맛을 온전히 음미할 시간을 갖는다. 그리고는 천천히 삼키면서 여운으로 남아 있는 맛과 향에 주의를 기울인다. 그 와인이 당신의 탁자 위로 올라오기까지 들어간 노력, 수고, 에너지를 생각해보며 조용히 그 와인 자체에 감사함을 표하는 것도 좋다. 와인을 초점의 대상으로 삼아 마음이 배회할 때마다 당신 앞에 놓인 그 맛좋은 신들의 음료로 살살 주의를 다시 데려온다.

심리상담사의 입장에서 알코올에 걷잡을 수 없이 빠져들 위험이 있는 사람들에게 당부하고 싶은 것이 있다. 와인이든 그 외의 다른 술이든 음주가 당신 자신이나 사랑하는 사람에게 걱정스러운 일이 되어버린 상태라면 제발 전문가의 도움을 받길 바란다.

그럼, 인 비노 베리타스in vino veritas(와인 속에 진실이 있다). 건배.

설거지를 하며
더 가까워진 가족들

화려한 일을 추구하지 말라.

중요한 것은 스스로의 재능이며

자신의 행동에 쏟아붓는 사랑이다.

–마더 테레사

자신만의 마음챙김 수련을 꾸준히 늘려가며 가족들까지 동참하게 되었다면, '다함께 설거지 하기'도 함께 해보며 설거지 같이 평범한 일을 포함한 이런저런 활동에 온 의식을 기울여보자. 매일 저녁 설거지를 시작하기 전에 그 시간에 자신에게 가장 필요하다고 여겨지는 것이 무엇인지 짚어보는 것이 좋다.

예를 들어, 하루 종일 이리저리 뛰어다니는 꼬맹이를 키우고 있다면 조용히 생각에 잠긴 채 설거지를 하는 시간이 도움이 될 수 있다. 반면에 아이들 중에는 설거지를 돕고 싶어 하는 아이들도 많다. 그런 경우에는 깨지지 않는 그릇을 아이에게 맡기고 자신은 주방을 정리하면 된다. 아이가 사춘기에 접어들어 밥을 먹을 때나 차를 태워달라고 부탁할 때를 빼고는 자기 방에서 한 발자국도 나오지 않는다면 같이 설거지를 하는 것도 아이와 대화를 나눌 수 있는 방법이 된다. 십대 아이들은 함께 일을 하면서 자신의 이야기를 털어놓는 경향이 있다. 가사를 분담해 따로따로 하는 것보다 같이 하면서 배우자와 밀린 이야기를 나누는 데도 설거지가 좋은 기회가 될 수 있다.

마음챙김 실천법

다함께 설거지 하기

혼자 설거지를 할 마음이라면 다음과 같이 해보자. 숨을 크게 한 번 들이쉬었다 내쉰다. 자세를 확인하면서 어깨를 뒤로 젖히고 몸을 똑바로 펴고 선다. 수도꼭지를 틀면서 물이 피부에 미끄러져 내릴 때 피부에 닿는 감각과 물의 느낌에 주의를 기울인다. 세제의 깨끗한 향을 들이마신다. 물의 온도, 묵직한 그릇의 질감과 느낌, 폭신한 스폰지, 매끄러운 물에 의식을 집중한다. 평상시보다 속도를 조금만 늦추면서 가능한 한 촉각과 후각에 온전히 집중한다. 이때 마음은 곧잘 그러듯 다른 곳을 배회하며 다음에 할 일들이나 좀 전에 나누던 대화로 가 있기 십상이다. 마음이 배회하며 다른 생각에 빠져 있는 것을 깨달으면 주의를 그릇들과 감각으로 살살 되돌려온다. 이런 과정은 여러 번 되풀이해야 하기 마련이며, 그렇게 되풀이하는 것은 전혀 문제가 되지 않는다.

전 세계에서 수백 년에 걸쳐 이어져온 온갖 설거지 방법에 대해 상상해보는 것도 괜찮다. 삶에 약간의 질서와 청결함을 회복하기 위한 단순한 방법인 이 보편적 활동이 띠는 필요성, 공통점, 단순성을 곰곰이 생각해보자. 조용히 보내는 이 짧은 시간과 그 시간 동안 마음챙김을 실천할 기회를 가진 것에 대해 감사함을 느껴보는 것도 좋다.

설거지를 같이 하는 경우에도 먼저 촉각과 후각에 의식을 기울이는 것으로 시작한다. 함께 설거지를 하는 사람과 대화가 잘 이어진다면 자신의 감각보다는 상대에게 초점을 맞춰보자. 아이나 배우자가 얘기를 하고 있을 때는 이따금씩 잠깐 멈춰서 말하는 상대의 눈을 들여다보고 그 말을 들을 때 자신의 신체에 느껴지는 감각에도 주목한다. 이 일을 가능한 한 빨리 마쳐야 할 또 하나의 일거리보다는 마음챙김의 유대를 가질 기회로 본다. 두 사람 모두를 위해 그 자리에 진정으로 머문다. 공감하거나, 깊은 유대감을 느끼거나, 그냥 함께할 시간을 가질 여지를 키울 수 있는 때는 바로 이런 일상적인 순간들이다.

다시 돌아오지 않을
목욕 시간 즐기기

경험은 또 다시 실수를 하게 될 때
그것이 실수란 걸 깨닫게 해주는 놀라운 것이다.
-F. P. 존스

딸이 꼬맹이였고 내가 마음챙김을 수행하기 전이었을 때 내 생활은 특정 시간 안에 얼마나 많은 일을 끝마칠 수 있는가에 맞춰져 있었다. 집안일이든 아이를 재우는 일이든 다급하고 서두르는 느낌으로 해나갔다. 할 일 리스트를 정해놓고 모든 것을 가능한 한 빠르고 효율적으로 지워나가기에 급급했다. 지금 와서 그때를 뒤돌아보면 어린 딸은 매일 밤 목욕 시간마다 초스피드 세차 같은 과정을 거치는 기분이었을 것 같다. 딸을 욕실로 데려와 비누칠을 하고 문질러 닦인 다음, 물로 깨끗이 헹궈 욕조 밖으로 데리고 나와 수건으로 물기를 닦아주고 잠옷을 입힌 후 방에 가서 자게 했으니. 그 정도 속도였다면 새로운 세계 기록을 세웠을 만도 했다. 왜 그렇게 열심이었는지 모르겠지만, 내 머릿속에는 오로지 빨리 끝내는 생각뿐이었던 것 같다.

나는 여전히 효율성과 생산성을 중시하는 이 세계에서 살아가는 것을 즐기지만, 이제는 내가 지금 하는 행동 하나하나에 훨씬 더 주의를 기울이게 되었다. 해야 할 일들을 빨리빨리 지워나가면서도 주변에 주의를 기울이며 주위를 돌아보거나 풍경을 바라보기도 한다. 생산성의 세계에 몰입해 있을 때는 그 순간에 머무를 여지도, 바로 우리 앞에 있는 그 모든 것을 음미할 기회도 가질 수 없다. 즐길 수 있을 때 즐겨야 한다.

지금은 그 짧은 목욕 시간이 십대들의 정말 길기도 한 샤워 시간으로 바뀌어 얼마나 순식간에 과거의 자취로 변하게 되는지를 깨닫고 있다. 이제는 그 꼬맹이가 성큼 자라서 다 큰 몸에 목욕 가운을 걸치고 욕실에서 나오는 모습을 보며 새삼 깜짝 놀라게 된다. '세상에나 … 언제 저렇게 컸지?'

그래서 지금은 어린 아들을 목욕시킬 때 더 느릿느릿 시간을 끄는 편이다. 목욕을 하다가도 아들과 함께 물놀이를 하며 놀기도 한다. 언젠가 그리 멀지 않은 미래에 아들을 씻겨주며 함께한 목욕 시간 또한 너무도 순식간에 지나간 과거의 유물이 되리라는 것을 알기 때문이다.

마음챙김 실천법

아이와의 목욕 시간을 만끽하기

가능한 한 서두르지 않고 느긋하게 충분한 시간을 가지고 아이를 씻겨보자. 우선 몇 번 심호흡을 한다. 따뜻하고 촉촉한 공기를 코로 들이마시고, 거품 목욕제나 베이비워시의 향에 주의를 기울인다. 하룻밤 사이에 쑥쑥 크는 것 같은, 그 발가벗은 작은 몸의 기적에 감사를 표한다. 손가락 사이로 스치는 따뜻한 물과 손안의 말랑말랑한 목욕 스폰지를 느껴본다.

아이와의 이런 경험을 즐기고 있더라도, 심지어 푹 빠져 있더라도 마음이 다시 배회하며 ('포동포동 동글동글하던 때가 엊그제 같은데 언제 이렇게 길쭉하고 갸름해졌을까' 하는 생각에) 과거를 되짚거나 ('머지않아 더는 엄마를 필요로 하지 않는 날이 오겠구나' 하는 생각에 안도의 환호나 체념의 한숨을 내쉬면서) 미래를 상상할 수도 있다. 바로 지금 당신 앞에 있는 그 작은 아이에게 집중하며 목욕물의 따뜻함과 당신의 작은 축복을 만끽해보라.

책 읽기가 가져다준 아이와의 특별한 시간

아이들만 성장하는 게 아니라 부모들도 성장한다.
-조이스 메이나드

내가 이야기하는 시간을 위해 아들의 침대에 자리를 잡으면 네 살배기 아들은 아기 때부터 우리 둘이 해온 취침 전의 의식을 갖기 위해 책 두 권을 골라 내 무릎으로 올라와 편안하게 앉는다. 얘기를 해놓고 생각해보니 내 무릎 위에 올라앉는 그 작은 몸의 길이에 퍼뜩 놀라게 된다. 아들이 어찌나 빨리 자라는지 때때로 바로 내 눈앞에서 시간을 뛰어넘는 듯한 기분이 든다. 둘이 매일 그렇게 가까이 붙어 지내는데도 왜 자라는 모습을 띄엄띄엄 기억하게 되는지 신기할 뿐이다.

딸이 어린 꼬마였을 때를 생각해본다. 글을 배우기 전 딸의 취침 시간은 목욕 시간에 맞먹을 만큼 빨랐다. 나는 저녁 일과를 끝내는 데 급급한 나머지 빨리 딸을 재우고 조금이라도 나만의 시간을 갖기 위해 책을 읽으며 중간중간 문단을 건너뛰거나 아예 한 페이지를 완전히 빼먹고 급하게 책을 읽어주었다. 내가 무의식중에 중요한 대목을 빼먹어서 딸이 이렇게 물을 때도 있었다. "얘기가 이상해요." 딸이 말을 알아듣기 시작하면서 내 잔꾀를 들켜버린 것이다. 그리고 얼마 후에는 내가 딸에게 읽어주기만 하던 방식에서 벗어나 딸이 쉬운 책을 나에게 읽어주게 되었고, 또 그 뒤에는 둘이 돌아가면서 서로에게 소리를 내 책을 읽어주었다.

지금은 아주 가끔 밤에 딸이 내 침대로 와서 같이 나란히 앉아 각자 책을 읽을 뿐이다. 침대 위로 뻗은 다리가 나보다 더 길어진 사랑스러운 십대 딸을 보고 있으면 예전에 내가 그 시절이 빨리 지나가길 바랐던 것이 도저히 믿기지 않는다. 그리고 그때의 지친 나 자신에게는 연민을 느낀다. 단지 자신만의 조용한 시간을 갖기 위해 모든 일을 서둘러 처리해야 할 정도로 절박했다는 점에는 슬픔이 느껴지기도 한다. 계획한 일을 모두 해치워야 직성이 풀리던 나는 이제 아무리 피곤하고 지쳐 있더라도 삶의 속도를 늦추고 그 상황을 더 즐기는 일이 얼마나 가치 있는지를 배웠다.

"엄마? 엄마? 책 안 읽어줘요?" 어린 아들의 말소리가 향수 어린 환상에 젖어 있던 나를 끌어내 현재의 순간으로 다시 데려온다. 내 마음이 현재의 순간에서 그렇게 빨리 벗어나 이런저런 생각이나 걱정으로 배회할 수 있다는 걸 생각하면 놀랍다. 우리의 마음은 언제나 그렇게 배회한다. 정식으로 명상을 하는 중이든 바쁜 하루 일과를 보내는 중이든 생각이 다른 곳을 배회할 때는 단호하되 친절하게 주의를 바로 현재의 순간으로 다시 데려와야 한다. 그리고 계속 배회하고 떠도는 자신을 용서하고 심호흡을 하면서 새롭게 시작하는 것이다.

지금도 때로는 어린 아들에게 책을 읽어줄 때 마음이 다른 곳을 배회하며 방금 어디까지 읽어줬는지 기억나지 않을 때도 있다. 책을 읽어주면서 전혀 다른 일을 생각할 수 있는 마음의 능력이 놀랍기도 하다. 하지만 이 특별한 시간이 내가 미처 준비되기도 훨씬 전에 끝나리라는 것을 나는 경험으로 알고 있다. 그런 까닭에 다시 호흡을 하며 나 자신을 지금의 순간으로 데려와서 토마스와 친구들, 〈스타워즈〉, 슈퍼 히어로들의 세계로 다시 한 번 들어간다.

마음챙김 실천법

책과 함께하는 마음챙김

아이들이 잠들기 전 책 읽어줄 시간이 되었을 때 특히 더 피곤함을 느껴 하기 싫어진다면 비교적 짧은 책을 고르고 책을 읽어주다 졸려도 있는 그대로를 받아들인다. 시간과 에너지가 비교적 많이 남은 날 밤에는 좀 더 느긋하게 여유를 가지고 긴 이야기를 읽어준다. 이야기 자체가 그다지 흥미롭지 않게 느껴진다면 이번의 책 읽어주기는 의도적으로 마음챙김 수행의 시간으로 삼는다. 읽다 보면 마음이 배회하기 마련이다. 지루하거나 몸을 그대로 두지 못하거나 졸릴 수도 있다. 주의를 기울이며 그 상황을 받아들이고 심호흡을 하면서 주의를 다시 되돌리자. 당신과 (당신에게 그 작은 몸을 착 붙이고 있는) 아이를 연결시켜주는 책 속의 단어들과, 언젠가 음미할 기억으로 남을 그 시간으로.

하루 일과를 함께 이야기할 때 얻을 수 있는 것

인간이 불행한 이유는
자신이 행복하다는 사실을 모르기 때문이다.
단지 그뿐이다.
-표도르 도스토옙스키

"오늘 하루 어땠는지 얘기해볼까!" 이 말은 우리 집에서 밤마다 하는 잠자리 일과가 되었다. 하루의 일들을 이야기하면 아이들이 자신의 경험들을 종합해보면서 사건과 기억을 이해하는 데 도움이 된다. 잘 시간을 조금이라도 미룰 수 있기 때문에 우리 집 아이들은 이런 시간을 갖는 것에 기꺼이 응하곤 한다.

아들은 아직도 오후에 낮잠을 자기 때문에 자주 낮잠 시간과 밤 시간의 잠을 헷갈리곤 한다. 낮잠을 자다 깨서 유치원에 갈 시간이라고 생각하고, 아침에 눈을 떠서는 저녁 먹을 시간이라고 생각하곤 한다. 저녁에 하루 일과를 이야기하는 것은 아들에게는 상황들을 넓게 보게 해주고, 나에겐 아들의 옆에 누워 얼굴을 가까이 마주하면서 사랑스러운 아들의 짙은 갈색 눈을 들여다볼 수 있는 기회를 준다. 아주 사소하고 평범한 순간들이 세심하게 계획된 중대한 순간들보다 더 중요하진 않더라도, 적어도 그에 못지않게 중요하다는 사실을 다시 한 번 상기하기도 한다. 밤마다 이렇게 하루를 이야기하다 보면 아들과의 친밀감이 더욱 돈독해지고, 그렇게 생긴 유대감이 아들과 나를 모두 편하게 해준다. 뿐만 아니라 아들은 덕분에 자신의 작은 세계에서 모든 것이 다 잘 되고 있다는 느낌을 받으며 안심하는 것도 같다.

우리의 취침 시간은 곧잘 이런 식으로 시작된다. "오늘 일찍 일어났던데…. 뭐 맨날 그러긴 하지만." 또는 아들이 본 사람, 갔던 곳, 하루를 보낸 이런저런 일들에 대해 얘기할 때도 있다. 그런 이야기를 나누면 우리 둘 다 꼭 중대한 사건이 있어야만 멋지고 의미 있는 하루를 보내게 되는 건 아니라는 생각이 더욱 굳어진다. 물론 주목할 만한 일이 일어난 날에는 그 경험을 좀 더 즐길 기회를 누리기도 한다. 아이들에게 자신의 기억을 정리하여 이야기하는 능력을 키워주기 위해 시작한 일이지만, 둘 사이에 유대감이 점점 커지는 느낌이 좋아 매일 밤 하루 일을 얘기하는 이 일과를 이어가고 있다.

마음챙김 실천법

하루 일과를 함께 나누기

본질적으로 따져보면, 하루 중에 실제로 일어난 일은 별로 중요하지 않다. 정말 중요한 것은 이야기를 하는 것이다. 아이와 누워서 느긋하게 있을 만한 편안한 곳을 찾는다. 아이의 침대도 괜찮고 편안한 의자에 같이 바짝 붙어 앉는 것도 좋다. 아이의 나이에 따라 아이가 혼자서 그날의 주목할 만한 사건을 떠올릴 수 있는지 지켜본다.

아이가 혼자 그날의 일을 떠올리고 이야기할 수 있으려면 대개 연습이 좀 필요하고 엄마가 옆에서 이끌어주어야 한다. 아이가 겪은 일 중 한두 개를 골라 다음과 같이 물으며 좀 더 깊이 파고 들어가는 것도 좋다. "너는 어땠는데?" "네가 그 애한테 같이 미끄럼틀 타고 놀자고 했을 때 그 친구의 기분이 어땠을 것 같아?" 이런 질문으로 아이의 눈치를 살펴가며 아이가 잘 이야기를 하도록 이끌어준다. 아이가 간결하게만 얘기하고 싶어 하면 그렇게 해준다. 중요한 것은 호기심과 관심을 갖고 아이와 함께해주는 것이다.

배우자와 함께하는 시간의 소중함

와서 옆에 있어줘라.
마음과 의미가 있는 것에 관심을 기울여라.
비난이나 핀잔을 가하지 말고 진실을 말해라.
결과에 집착하기보다 마음을 열어라.
-안젤레스 에리엔

내가 가장 좋아하는 TV 드라마 〈페어런트후드Parenthood〉는 네 명의 성인 자녀들과 그 부모가 살아가는 이야기를 사실적으로 다루고 있다. 가장인 지크는 터프가이 참전용사로, 예술적 끼가 있는 아내와 40년째 부부로 살고 있다. 두 사람은 결혼생활에 몇 가지 문제가 일어난 이후 부부 심리치료를 받게 되고, 그 자리에서 지크는 문제를 해결하려 들기보다 그냥 아내의 말을 들어주라는 조언을 듣는다. 당장 해결책을 내놓으려 무턱대고 뛰어들 게 아니라 먼저 아내의 말에 '이해해, 맞아'라고 호응해주라는 얘기였다.

지크는 처음엔 평상시에 하던 대로 행동하지만 잠시 후에 말을 뚝 끊고 잠깐 멈췄다가 상담사의 조언을 따른다. 몸에 깊이 밴 부부의 소통 패턴이 서서히 바뀌면서 아내의 마음도 차츰 풀어지며 변하는 것이 확실히 드러난다. 아내는 이해와 공감을 받게 된다. 훌륭한 연기와 약간의 유머가 어우러진 이 드라마가 가슴 사무치도록 잘 보여주고 있듯, 우리 모두는 이해받고 공감받길 갈망한다. 특히 자신에게 가장 중요한 사람들에게 더더욱 그런 갈망을 품는다.

이런 이야기의 전개를 보며 내 눈에는 눈물이 글썽거렸다. 크게 감동을 받으며 내가 지크 같을 때가 많다는 것을 깨달았다. 그것은 남편도 마찬가지였다. 살아가면서 언젠가부터 우리는 바람직하지 못한 습관에 빠지게 되었다. 서로를 충분히 이해하지 않은 채 그저 가끔씩만 서로에게 귀 기울이며 공감할 뿐이었다. 서로에 대한 애정이나 존중이 부족해서가 아니었다. 삶이 우리의 관계에 서서히 영향을 미치며 장악하도록 내버려두었기 때문이다.

혹시 당신의 집에서도 다음과 같은 상황이 자주 벌어지지는 않는지 생각해보자. 오후에 나갔다가 돌아와 집 안으로 들어서며 기분 좋게 가족과 인사한다. 아이와 마주치면 환한 얼굴로 방긋 웃으며 진심 어린 마음으로 말을 건넨다. "우리 딸(아들), 오늘 기분 어때?" 이때 아이를 꼭 안아주기도 한다. 반려견이 좀 귀여워해달라고 당신에게 달려오고 당신은 그런 반려견을 다정하게 쓰다듬어준다. 이번엔 배우자에게 다가가 건성으로 "자기야, 오늘 잘 지냈어?" 라고 인사를 건네고 짧게 쪽 입을 맞추고는 마트에서 사온 물건들을 정리하며 분주한 가정 일과로 빠져든다.

여기에서 잠깐. 아이와 남편을 대하는 태도의 차이에 주목해보자. 잠시 당신의 가정은 어떤지 생각해보자. 이 풍경과 비슷하다면 당신만 그런 게 아니다. 가정에 따라 이해받고 싶은 인간의 기본적 욕망과 아이들을 키우는 현실의 괴리가 유난히 클 수도 있다. 특히 아이들이 어려서 많은 육체적 에너지와 시간이 필요한 경우라면 더하겠지만, 긴 하루를 마무리할 때쯤 되면 배우자를 위한 시간을 내기가 힘들 수도 있다.

우리 집의 경우엔 내가 저녁에 남편과 깊이 있는 대화를 나눌 정신력은 고사하고 문장 하나 완성하기가 힘든 날이 있다. 반대로 나는 말을 하고 싶고 기운이 넘치지만 남편이 잔뜩 스트레스를 받아 피곤할 때도 있다. 둘 다 컨디션이 좋기는 힘들다. 부부 상담을 할 때도 이런 상태와 관련된 심정을 토로하는 이들을 자주 만나게 된다. 배우자를 우선순위의 맨 밑으로 밀리도록 그대로 놔두기 쉬운데 그래서는 안 된다.

처음 배우자와 함께하게 되었을 때 꿈꾸는 듯한 눈으로 서로를 다정하게 바라보던 시절의 기분이 기억나는가? 틀림없이 그때는 이해받고 공감받는 기분이었을 것이다. 당신의 배우자 역시 마찬가지였을 것이다. 사랑을 시작할 때의 뜨거운 열정을 되살리는 건 불가능할지 몰라도 배우자에게 온전한 주의를 기울여주면 그때와 같은 마음으로 되돌아가 배우자를 온전히 이해하고 공감해줄 수 있다. 그래도 다행스러운 사실은, 아이들이 두 사람의 세계에 끼어들기 전보다 오붓한 시간을 훨씬 더 적게 가지면서도 관계를 잘 이어갈 수 있다는 것이다. 하지만 분명 둘만의 오붓한 시간을 어느 정도는 내야 하며, 돈독하고 좋은 관계가 되길 원한다면 그런 시간을 꾸준히 가져야 한다.

마음챙김 실천법

남편과 둘만의 시간을 갖기

대다수 부모들은 아이들 없이 두 사람이 함께 보낼 시간이 별로 없는 것이 사실이다. 따라서 가진 시간을 최대한 활용해야 한다. 무엇보다 당부하고 싶은 것은 제발 그 전자기기들을 좀 치우라는 것이다. 휴대전화를 멀찌감치에 두자. 전자기기 중독자에게는 힘든 일이겠지만, 연습을 좀 하다 보면 훨씬 쉬워질 것이다. 처음에는 배우자와 유대감을 쌓을 시간을 일정으로 잡아두어야 할 수도 있다. 일정을 정했다면 그 일정을 지키기 위해 노력하자. 이런 시간을 갖는 것은 아이들에게 부모가 마음챙김 소통을 통해 서로를 우선순위에 두면서 존중하고 사랑하는 모습을 보여준다는 측면에서도 바람직한 일이다.

누군가가 자신의 얘기에 진심으로 관심을 가져주고 온전히 주의를 기울여줄 때의 기분을 알 것이다. 그런 기분을 배우자에게 느끼게 해주자. 아이들, 전자기기, 일상적 책무 등등 수많은 방해거리들이 우리의 주의를 차지하려 경쟁을 벌이는 상황에서 아주 잠깐이라도 사랑하는 사람에게 귀 기울여 준다는 것은 진정한 의미의 선물이다. 앉아서 서로의 얼굴을 바라보자. 심호흡을 몇 번 해보자. 아직 마쳐야 할 남은 일들에 대한 걱정은 최대한 치워버리고 편안히 앉아 아이에게 해주듯 온전히 배우자의 옆에 있어주자. 배우자의 눈을 들여다보며 이해하고 공감해주자. 시간이 지나면 어느 사이에 이 단순한 실천의 효과를 느끼며 배우자와 훨씬 더 가까워졌다는 느낌을 받게 될 것이다.

아이의 귀가 시간을 기다리며

결국 중요한 문제는 세 가지뿐이다.
얼마나 잘 살아왔고, 얼마나 잘 사랑해왔으며,
얼마나 잘 놓아줄 줄 알았느냐는 것.
–잭 콘필드

밤에 아이가 집에 오길 기다리는 일은 많은 부모들이 겪고 싶지 않은 고역이다. 딸칵 열쇠 돌아가는 소리가 들릴 때까지 마음을 못 놓고 기다리게 될 뿐만 아니라 아이의 기분이 좋은지 나쁜지 조바심이 나기도 한다. 심지어 아이를 기다리고 있다가 술을 마시고 온 것은 아닌지 찬찬히 살펴봐야 하는 경우도 있다.

소중한 아이가 돌아오길 기다리는 동안 걱정이 되는 엄마의 마음속에는 여러 상상의 시나리오가 펼쳐진다. 아이가 무엇을 하고 있고 누구와 얘기를 나누고 있을지 생각하며 아주 즐거운 시간을 보내고 있는 모습을 그려볼 수도 있다. 하지만 대개는 이런저런 생각으로 분주한 마음이 부정적이고 불안한 생각 쪽으로 쏠리기 십상이다. 때로는 심지어 차마 입 밖으로 꺼내지 못할 끔찍한 생각까지도 한다. 아이를 기다리다 보면 안절부절 못하는 마음에서 자신도 모르게 온갖 황당한 (혹은 현실적인) 영화 같은 상황을 그리게 될 수도 있다. 마음챙김을 통해 깨닫게 되었듯, 우리의 생각은 정말 겪고 싶지 않은 황당무계한 방향으로 우리를 끈질기고 은밀하게 끌고 가기도 한다.

하지만 엄마의 이런 분주한 마음을 비난할 수 있을까? 어쨌든 우리는 우리의 십대 아이가 문 밖을 나서서 어떤 상황을 마주하게 될지 잘 모른다. 아이와 아이의 사회적 · 행동적 내력과 나이를 비롯한 그 외의 여러 변수에 따라 엄마의 상상은 두려움과 희망 사이를 오가곤 한다. 아이가 집에 와서 신나는 밤을 보낸 이야기를 하며 입이 귀에 걸리도록 환하게 웃을까? 집으로 들어와 건성으로 안아주고는 별 말도 없이 자기 방으로 들어가버리는 게 아닐까? 방문을 벌컥 열고 들어와 믿었던 친구에게 큰 상처를 받은 얘기를 하며 눈물을 쏟게 되는 건 아닐까? 아이가 통금 시간을 잘 지킬까? 아이의 눈을 찬찬히 보면서 혹시라도 약물이나 알코올을 섭취한 기미가 있는지 봐야 할까? 때로는 상황을 예측할 수 없다는 점이 가장 힘든 일이 된다.

아이가 집에 무사히 돌아오면 엄마는 안도의 한숨을 내쉰다. 하지만 안 좋은 상황이 닥칠 경우 그 상황에 대처해야 할 입장은 여전히 그대로일 수 있다. 알코올이나 약물을 섭취한 것이 분명해 보여 괴로운 심정으로 밤을 맞게 된 경우든 통금 시간을 지키지 않은 경우든, 엄마들은 아이에게 주의를 기울이며 먼저 스스로를 다잡아야 한다. 아이가 상처를 받으면 엄마도 상처를 받기 때문에 무엇보다 엄마가 침착성을 잃지 않는 것이 가장 중요하다. 그런 다음에야 당면한 상황을 마음챙김 상태로 마주할 수 있다.

마음챙김 실천법

아이를 기다리는 시간의 마음챙김

기다리는 동안 잠시 멈춰 생각의 경향에 주목해본다. 불안이나 걱정으로 가득한가? 자꾸만 '… 하면 어쩌지'라는 생각을 되풀이하게 되는가? 호의적이고 기분 좋은 저녁을 보내고 있을 아이의 모습이 그려지는가? 머릿속에서 아이가 집에 돌아왔을 때 따뜻하고 즐거운 대화를 나누는 모습이나 화가 나서 격한 대화가 오가는 상황이 그려지는가?

가장 먼저 떠오르는 생각에 주목해서 분간을 한 다음 필요하다면 다른 방향으로 주의를 돌린다. 아이를 기르면서 이런 난관에 처한 스스로에게 연민을 느끼며 자신만 그런 게 아니라는 사실을 깨닫기를 바란다. 자꾸만 걱정스러운 생각이 든다면 그 생각에 주목하고 그것을 인정한 다음 바람직한 방향으로 주의를 돌리는 것이 좋다. 하지만 주의를 돌릴 방향을 현명하게 고르면서 자신을 돌보는 쪽으로도 어느 정도 신경을 써야 한다. 이 기다림의 시간은 명상을 하거나, 배우자와 시간을 보내거나, 잡지를 읽기에 좋은 시간이 될 수도 있다.

아이가 집에 돌아오면 먼저 호흡을 하며 몸의 긴장부터 푼 다음 아이를 안아준다. 온전히 옆에 있어주면서 다시 마음챙김 상태로 귀 기울여준다. 귀를 기울여준다는 것은 입에 강력 테이프를 붙인 것처럼 굳은 인내심으로 입을 꾹 다물고 있는 것을 의미할 수도 있다. 부모로서 아이가 무사히 집에 돌아왔다는 사실에 안심하며 속으로 조용히 감사함을 느껴도 좋다. 당신이 지금 기분이 좋든 겁이 나는 상태든, 이제는 어떤 일이 일어나더라도 대처할 준비가 되어 있는 셈이니까.

내일을 미리 준비해야 하는 이유

좋은 성과를 얻으려면 한 걸음 한 걸음이
힘차고 충실하지 않으면 안 된다.
-단테

자신이나 아이가 비교적 이른 시간에 집을 나서야 하는 오전 스케줄이 있을 때, 이 마음챙김 실천법을 시험 삼아 해보길 적극 추천하고 싶다. 매일 저녁 잠깐 시간을 내서 다음 날을 위한 준비를 가능한 한 많이 해놓는 것이다. 그러면 훨씬 더 편하고 여유 있는 마음으로 아침을 시작할 수 있다. 저녁에 미리 준비하는 시간은 10분이지만 다음 날 시간을 들인 만큼의 보상이 돌아온다. 평일 이른 아침의 10분은 아침 일과나 나의 정신 건강을 위해 아주 소중한 시간이다.

우리 집에서는 내일을 위한 준비에 저녁식사를 하고 나서 주방을 깨끗이 치워놓는 일도 포함된다. 새벽 5시에 안 씻은 그릇들로 가득 찬 싱크대를 마주하는 일은 최대한 피하고 싶기 때문이다. 내가 저녁에 내일을 위해 미리 해놓는 일은 그 외에도 헤아릴 수 없을 만큼 많다. 소중한 이른 아침의 커피 내리는 시간을 위해 커피메이커를 바로 쓸 수 있도록 준비해두고 그 옆에 작은 크기의 머그잔을 놔두는 것, 식탁에 아침식사에 사용할 스푼과 포크, 비타민을 미리 챙겨두는 것, 점심 도시락을 싸놓는 것(대체로 저녁을 먹고 치우면서 남은 음식을 포장해두는 식이다), 필요할 경우 아들의 가방을 싸놓는 것, 전자기기를 충전해놓는 것 등이다.

딸에게도 다음 날을 위해 미리미리 준비해놓게 가르쳤다. 우리 둘 다 이런 습관을 들이기 시작한 것은 딸이 중학교에 올라가면서부터였던 것 같다. 아주 이른 시간에 스쿨버스를 타야 했기 때문에 그래야 했다. 딸은 저녁마다 점심 도시락, 운동 가방, 책가방을 싸두었다. 딸이 미리 준비하는 습관을 갖게 되기까지는 시간이 좀 걸렸다. 처음엔 밤마다 준비해놓길 알려주다 좀 지나서는 이따금씩만 상기시켜주었는데, 그렇게 몇 달이 지나면서부터는 말하지 않아도 알아서 하게 되었다. 유치원생 정도의 아이들은 계속 격려와 지도를 해주면 이런 식으로 마음챙김 실천법을 실행할 수 있다.

저녁에 미리 준비해놓지 않은 아침에는 마음이 급해져서 생각이 산만해지기 마련이다. 제한된 시간 안에 더 많은 일을 해야 하니 그럴 수밖에 없다. 나는 미리 준비를 해놓지 않으면 그날 아침에 명상을 안 한 것과 비슷한 기분이 든다. 어렵사리 할 일을 모두 마치긴 하지만 컨디션이 더 안 좋고 확실히 마음도 편하지 않다. 그리고 그렇게 되면 그 영향이 자연스럽게 가족에게까지 미친다. 준비해놓지 않은 날 아침에는 하루를 시작하면서부터 스트레스가 늘고, 종종 근무를 시작하기 전부터 피곤해지기도 한다. 반면에 전날 밤에 준비를 해놓으면 편안한 느낌으로 호흡하며 그날을 시작할 수 있다. 미리 준비하기는 나 자신에게만이 아니라 아이들에게도 선물이 되어준다. 매일 아침이 더 편안한 기운으로 채워질 뿐만 아니라 장기적 관점에서 볼 때 아이들이 바람직한 습관을 키우는 데도 좋기 때문이다.

마음챙김 실천법

내일을 미리 준비하기

내일을 위해 준비를 하는 것을 새로운 습관으로 만들려고 한다면, 지금 펼쳐지는 아침 풍경을 머릿속으로 쭉 떠올려보아야 한다. 그중 전날 밤에 미리 해놓을 수 있을 만한 일을 최대한 많이 찾아본다. 이 새로운 마음챙김 실천법이 몸에 밸 때까지는 준비해놓을 일의 목록을 간단히 적어두는 것이 좋다. 준비를 시작하기 전에는 잠시 멈춰 깊이 호흡을 한다. 준비하는 일과 하나하나에 주의를 기울이며 해나간다. 마음이 다음에 할 일로 먼저 가서 배회하고 있더라도 지금 하고 있는 일로 천천히 다시 데려온다. 영양분을 공급해주는 풍성한 음식, 건강을 보조해주는 비타민, 생명과 같은 커피에 감사한 마음을 가질 수도 있다.

아이들이 미리 준비할 수 있는 일들이 뭐가 있을지 판단해서 아이들에게도 저마다의 책임감을 가르친다. 그러자면 시간도 걸리고 반복도 필요하다. 엄마가 반복해서 아이들에게 상기시켜줘야 하니 인내심이 필요할 수도 있다. 전날 밤에 준비를 마쳐놓은 날 아침에는 아침 시간이 얼마나 더 순조롭게 흐르는지 아이가 스스로 느끼도록 해주어 의욕을 북돋워준다. 이런 마음챙김 실천법의 가치를 직접 배우고, 또 느끼게 해주자.

숙면을 위한 근육 이완 실천법

세상은 고통으로 가득하지만
한편 그것을 이겨내는 일로도 가득 차 있다.
-헬렌 켈러

잘 시간이 되었는데도 마음의 문이 닫히지 않아 애를 먹은 적이 없는가? 저녁 일과를 마무리하고 하루 내내 지칠 대로 지쳐 몸을 뉘였는데도 마음이 부산한 탓에 잠이 잘 오지 않은 적은 없는가? 나는 웬만해선 이런 일을 겪지 않는다. 나는 언제든 몸만 눕히면 대부분 바로 잠에 빠져든다. 잘 시간에 잠이 드는 일에는 어려움이 없지만 한밤중에 자다 깨면 정말 힘들다. 아이의 기침을 가라앉히려 물을 주기 위해서든 나쁜 꿈을 꾼 아이를 다시 재우기 위해서든, 일단 중간에 잠을 깨면 대부분의 경우 그 뒤로 한두 시간은 깨어 있게 된다. 아이를 달래주거나 재우는 데 얼마나 시간을 보내든 간에 그다음에는 정신이 말똥말똥해져버린다.

나는 말똥말똥해진 정신과 싸우지 않고 다시 잠들 수 있는 요령을 터득했다. 아침에 얼마나 피곤할지 상상이 되기 시작하면 어쨌든 누워서 눈을 감으면 어느 정도 휴식을 취할 수 있다는 사실을 떠올린다. 특히 신체적으로 불안한 상태일 때는 몸을 차분히 가라앉히기 위해 '숙면을 위한 점진적 근육이완법'도 수행한다. 침대에 누워 호흡 명상이나 '몸의 감각을 느껴보기'(43쪽)을 할 때도 있다. 이렇게 하면 대체로 마음이 더 쉽게 가라앉아 좀 더 빨리 잠들 수 있다.

잠드는 것이 힘들든 깨었다가 다시 잠들기가 힘들든, 아니면 잠드는 데 어떤 문제도 없든 이 마음챙김 실천법에서 중요한 것은 최대한 푹 수면을 취하기 위해 노력하고, 설사 잠이 오지 않는다고 해도 그 상태를 있는 그대로 받아들이는 것이다. 좋든 싫든, 억지로 노력한다고 해서 잠이 드는 것은 아니지만 점진적 근육이완으로 어느 정도는 수면을 유도할 수 있다.

마음챙김 실천법

숙면을 위한 점진적 근육이완법

잠이 드는 데 얼마나 어려움을 겪든 점짐적 근육이완

은 낮 동안의 활동 상태에서 수면의 정지 상태로 넘어가는 데 도움이 된다. 몸의 각 부위를 돌아가며 근육을 5초간 수축시켰다 숨을 내쉬며 풀어준다. 발부터 시작해 한쪽 발씩 가능한 한 근육을 꽉 조였다가 5초 후에 풀어주며 숨을 내쉰다. 이어서 종아리 근육을 5초간 조였다 풀어준다. 몸 위쪽으로 천천히 한 부위씩 올라가면서 얼굴과 머리에 이를 때까지 같은 방법으로 해준다. 몸의 각 부위 모두에 이런 식으로 주의를 기울이고 나면 이번엔 몸의 근육 모두를 동시에 수축시켰다 풀어주어 몸이 부드럽게 이완되면서 침대에 푹 잠기게 해준다.

꿈나라로 바로 들어가게 해줄 거라고 약속해줄 수 있으면 좋겠지만, 안타깝게도 이 방법이 효과가 없을 수도 있다. 하지만 점진적 근육이완은 불안함을 덜어주고 전반적 신체의식을 높여준다. 이 방법을 사용할 만큼 잠들기 힘들다면 잠이 안 오는 그 시간을 자신을 돌보는 시간으로 유용하게 활용해보는 것도 좋은 방법이다. 부디 오늘 밤은 푹 잠들기를 바란다.

“이런 기회가 생겨서 행복해”

재물을 스스로 만들지 않는 사람에게는
쓸 권리가 없듯이,
행복도 스스로 만들지 않는 사람에게는
누릴 권리가 없다.
-버나드 쇼

‘잠아, 나는 너와 애증의 관계에 있어. 나는 휴식과 긴장 완화와 재충전을 사랑해. 내가 충분히 자지 못할 때는 네가 밉기도 해. 잠아, 너는 정말 다양한 모습을 가지고 있지. 완전 졸리기도 하고, 졸려서 머리가 멍할 정도이기도 하고, 지치도록 피곤하기도 하고, 피곤해서 녹초가 될 지경이기도 하고, 그냥 누워서 울고 싶을 만큼 피곤하기도 하지. 나는 너의 온갖 모습을 모두 겪어봤고, 14년 전에 엄마가 된 이후로는 너를 충분히 취한 적이 없는 것 같아.

아들이 태어난 후로는 잠을 못 자게 하는 것이 왜 효과적인 고문 수단이 되는지 이해가 가더라. 나라도 그 사람들이 알고 싶어 하는 것을 죄다 실토하고 나서 잠을 좀 자고 싶을 것 같아. 잠아, 나는 네가 그리워. 언제쯤 내가 너를 충분히 취하게 될까? 어린 아들은 언제 커서 대학에 들어갈까? 앞으로 또 14년이 더 지나야만 하겠지. 에휴.'

여기까지가 내가 수면 부족 상태일 때 하는 마음속 생각의 패턴이다. 정신이 그다지 또렷하지 않은 상태의 생각이긴 하지만 피곤한 마음은 정말로 무서운 곳이 되기도 한다.

걸음마를 막 뗀 아이가 한밤중에 큰 소리로 부르면 나는 눈을 억지로 뜨고 여전히 행복하게 잠들어 있는 남편을 돌아보며 투덜거린다. "정말 이러기야? 내 차례 아니라고." 나는 피곤해서 에너지가 바닥이 나고 인내심이 부족해지면 곧잘 혼자 속으로 남편과의 차례를 따져보곤 한다. '전에 내가 일어났잖아. 지금은 내가 더 많이 했잖아. 그런데 어떻게 이렇게 잘 수가 있어?' 하지만 이런 생각은 별 도움이 되지 않는다. 사실, 내 남편은 훌륭한 남편이자 아빠다. 전형적인 성 역할에 매달리지 않으며 공동 육아에 기꺼이 동참해주고 있다. 하지만 내가 이렇게 별 도움도 안 되는 마음 상태에 있을 때는 객관적 감각이 바로 사라져버린다.

내 경험에 따르면 이렇게 비판적인 생각으로 끌려들어갈 때는 생각을 새롭게 바꾸는 것이 가장 좋은 방법이다. '내가 해야 한다'

는 식이 아니라 '나에게 기회가 생겨서 좋다'는 식으로 생각하는 것이다. '새벽 2시에 일어나야 하다니'라고 생각하기보다는 잠깐 동안 우리 아들을 꼭 안아주며 부들부들한 그 곱슬머리에서 기분 좋게 은은히 풍기는 베이비 샴푸 냄새를 맡을 '기회가 생겨 좋다'라고 생각하는 것이다. 이 방법이 매번 도움이 되는 건 아니지만 대개는 도움이 된다.

삶에 어떤 일이 일어나든 우리는 '기회가 생겨 좋다'라는 마음가짐으로 살지, 아니면 '해야 한다'라는 마음가짐으로 살지를 선택할 수 있다. 이런 마음가짐의 변화는 천천히 부드러운 방식으로 실행하는 것이 좋다. 억지로 한다고 되는 것이 아니고, '해야 한다'는 생각이 여전히 굳건하다고 해서 죄책감을 느낄 필요도 없다.

일부러 그런 척한다고 해서 되는 일도 아니다. 심리치료사로서 나는 중요한 감정이나 깨달음을 무시하거나 부정하는 것을 절대 권하지 않는다. 하지만 하기 싫은 그 순간에 '기회가 생겨 좋다'는 방향으로 스스로를 슬쩍 찔러 자신의 태도에 미묘한 변화가 생기고 감사한 마음으로 내 아이들, 남편, 자신의 건강과 다시 자연스럽게 유대하게 된다면 기꺼이 그럴 마음이 생기지 않을까? 새벽 2시에 깨는 걸 좋아할 수는 없지만 그래도 '기회가 생겨 좋다'는 마음가짐을 가지면 태도가 부드러워지며 사랑스러운 내 아이의 엄마가 되는 특권을 누릴 수 있다.

마음챙김 실천법

새벽 2시 알람을 행복의 기회로 만들기

부정적인 방향으로 관점이 바뀌면 시험 삼아 '해야 한다'보다 '기회가 생겨 좋다'는 식의 생각을 해본다. 억지로 해서는 안 되며 태도의 변화를 부드럽게 북돋는 것이 좋다. 역설적인 일이지만 이런 태도 변화는 가장 필요한 순간에 기억해내서 실천하기가 힘들다.

머릿속에 스코어카드가 나타나는 순간에 주의를 기울인다. 다른 사람과 비교하려는 마음에 대한 집착을 버리고 스스로를 현재의 순간으로 다시 데려와 숨을 들이쉬었다 내쉬며 현재에 머문다. '기회가 생겨 좋다'는 식의 표현을 선택하면 대체로 엄마 역할이라는 순식간에 지나가는 특권을 상기하며, 엄마 역할에 수반되는 모든 것을 (엄마 역할에 따라오는 겁나고 언짢은 상황들 까지도) 더 선뜻 받아들이고 감사할 수 있게 된다.

마인드풀 로그

다음 표를 매일 작성해보자. 5분 명상 항목에는 '불안하고 심란했다'거나 '차분하고 편안한 느낌이었다'처럼 그날의 마음 상태를 적는다. 마음챙김 실천법 항목에는 그 주 내내 수행할 만한 마음챙김 방법 1~3가지를 적는다.

마음챙김 수행	월요일	화요일	수요일
5분 명상			
마음챙김 실천법			
마음챙김 실천법			
마음챙김 실천법			

마음챙김 시간이 점차 늘어나면서 찾아오는 변화를 기록해도 좋다. 예를 들어, '숙제 마음챙김 실천법'의 경우 '아이와 함께 숙제를 시작하기 전에 마음을 가라앉혔다. 아이는 내내 차분했고, 우리는 입씨름을 한 번도 안 했다'라는 식으로 쓰면 된다.

목요일	금요일	토요일	일요일

정미나

출판사 편집부에서 오랫동안 근무했으며, 이 경험을 토대로 현재 번역 에이전시 엔터스코리아에서 출판기획 및 전문 번역가로 활동하고 있다. 옮긴 책으로는《와인 바이블(2022 EDITION)》《매혹과 잔혹의 커피사》《스티비 원더 이야기: 최악의 운명을 최강의 능력으로 바꾼》《우리가 사랑할 때 물어야 할 여덟 가지: 행복한 남녀관계를 위한 대화수업》《아이 마음에 공부불꽃을 당겨주는 엄마표 학습법: 미국 엄마들의 홈스쿨링 바이블》《나는 무조건 성공하는 사업만 한다: 뉴노멀 시대, 새로운 성공의 법칙을 만든 사람들》등 다수가 있다.

바쁜 엄마를 위한 하루 5분 마음챙김

초판 1쇄 발행 2023년 1월 9일

지은이 숀다 모럴리스
펴낸이 정덕식, 김재현
펴낸곳 (주)센시오

출판등록 2009년 10월 14일 제300-2009-126호
주소 서울특별시 마포구 성암로 189, 1711호
전화 02-734-0981
팩스 02-333-0081
전자우편 sensio@sensiobook.com

편집 오순아
디자인 김미성(섬세한 곰 bookdesign.xyz)

ISBN 979-11-6657-087-2 03190